教育部人文社会科学研究规划基金项目资助
课题名：要素独占性视角下体育文化产业与"中国制造"融合发展研究
批准号：18YJA890013

体育产业融合发展与品牌战略研究

林 宇　周 慧◎著

吉林人民出版社

图书在版编目（CIP）数据

体育产业融合发展与品牌战略研究 / 林宇，周慧著. -- 长春：吉林人民出版社，2022.8
ISBN 978-7-206-19401-6

Ⅰ.①体… Ⅱ.①林…②周… Ⅲ.①体育产业—产业发展—研究—中国 Ⅳ.① G812

中国版本图书馆 CIP 数据核字（2022）第 170902 号

体育产业融合发展与品牌战略研究
TIYU CHANYE RONGHE FAZHAN YU PINPAI ZHANLÜE YANJIU

著　　者：林宇　周慧
责任编辑：张　娜　　　　　　　封面设计：李清逸
出版发行：吉林人民出版社（长春市人民大街 7548 号　邮政编码：130022）
咨询电话：0431-85378007
印　　刷：天津画中画印刷有限公司
开　　本：710mm×1000mm　　　1/16
印　　张：11.25　　　　　　　　字数：150 千字
标准书号：ISBN 978-7-206-19401-6
版　　次：2022 年 8 月第 1 版　　印　　次：2022 年 8 月第 1 次印刷
定　　价：66.00 元

如发现印装质量问题，影响阅读，请与出版社联系调换。

教育部人文社会科学研究规划基金项目资助
课题名：要素独占性视角下体育文化产业与"中国制造"融合发展研究
批准号：18YJA890013

体育产业融合发展与品牌战略研究

林　宇　　周　慧◎著

吉林人民出版社

图书在版编目（CIP）数据

体育产业融合发展与品牌战略研究 / 林宇，周慧著. -- 长春：吉林人民出版社，2022.8
ISBN 978-7-206-19401-6

Ⅰ.①体… Ⅱ.①林… ②周… Ⅲ.①体育产业—产业发展—研究—中国 Ⅳ.① G812

中国版本图书馆 CIP 数据核字（2022）第 170902 号

体育产业融合发展与品牌战略研究
TIYU CHANYE RONGHE FAZHAN YU PINPAI ZHANLÜE YANJIU

著　　者：林　宇　周　慧	
责任编辑：张　娜	封面设计：李清逸
出版发行：吉林人民出版社（长春市人民大街 7548 号　邮政编码：130022）	
咨询电话：0431-85378007	
印　　刷：天津画中画印刷有限公司	
开　　本：710mm×1000mm	1/16
印　　张：11.25	字数：150 千字
标准书号：ISBN 978-7-206-19401-6	
版　　次：2022 年 8 月第 1 版	印　次：2022 年 8 月第 1 次印刷
定　　价：66.00 元	

如发现印装质量问题，影响阅读，请与出版社联系调换。

前　言

中国特色社会主义进入新时代，我国经济已由高速增长转向高质量发展阶段，处于优化经济结构的重要时期，迫切需要加快发展先进制造业、推动现代信息技术与实体经济深度融合，培育新的经济增长点，形成新动能。2014年10月，国务院印发了《关于加快发展体育产业促进体育消费的若干意见》，强调要培育多元主体，改善产业结构，丰富产业内容，积极扩大体育产品和服务供给，推动体育产业成为经济转型升级的重要力量，促进融合发展。

2016年5月，国家体育总局、国家旅游局联合签署了《关于推进体育旅游融合发展的合作协议》，提出未来将全面创新体育、旅游产业融合发展，是丰富旅游产品体系，拓展旅游消费空间，促进旅游产业转型升级和提质增效，落实全域旅游发展观的必然要求；是盘活体育资源，提升体育市场化水平，扩大体育产业规模，提高人民群众身体素质，全面推进全民健身的必然选择。

体育是促进经济社会发展的重要动力，要推动健康关口前移，建立体育和卫生健康等部门协同、全社会共同参与的运动促进健康新模式。习近平总书记的重要讲话对体育与其他领域的融合发展提出了新要求，体育与教育、科技、文化、旅游、养老、医疗等领域均密切相关，体育与这些领域的互动、融合更加密切，既能大幅度拓展体育产业的发展空间，又能催生"体旅文商"融合发展的新业态、新模式和新产品，激活并优化大体育产业生态圈。迈入新时代，我国体育产业进入快速发展期，逐步扩展到多元和高质量需求发展阶段。

借助 2022 年北京冬季奥运会成功举办，我国参与冰雪运动的人数已有 3.46 亿，成功实现"带动 3 亿人参与冰雪运动"的目标，公众对冰雪运动的热情极度高涨，冰雪运动产品和服务供给不断扩大，"冷资源"变身"热经济"，这些都标志着我国体育产业进入了快速发展的高峰期。

随着现代科技和经济的发展，产业间的融合发展已成为产业发展的必然趋势，产业融合成为现代经济发展的新增长点。伴随着体育行业发展的深入，体育产业的内涵和外延不断丰富拓展，新型业态亮点纷呈。当前，学术界对体育产业融合的重视度也在不断升温，已成为我国体育学研究热点领域和未来趋势。产业融合作为经济发展新趋势，正逐步渗透到社会经济的各行各业。体育产业融合要根据产业演进的客观要求，突破产业边界，充分利用现代工业革命和科技成果，采用新兴的经营理念和管理模式，有力拓展体育产业发展空间。在体育及其相关产业渗透、重组与交叉中，实现区域资源的优化配置，从而构建新的产业价值链，取得体育产业创新型发展。

随着我国经济发展和人们生活水平的不断提高，人们对于健康的重视不断提升，对体育产品与服务的需求不断增加。目前，全球已经进入品牌经济时代，我国已成为全球最大的体育用品生产基地和主要的消费市场，品牌竞争已成为国际市场竞争的主要形式。我国体育用品业逐渐由国内市场走向国际市场，参与国际竞争，开拓国际贸易市场，树立体育用品中国制造新形象，打造一批拥有自主知识产权的体育用品，推进体育用品中国制造升级和供给侧结构性改革具有重要意义。

本书从我国体育产业发展的趋势与走向展开论述，探讨了体育产业与其他产业融合发展以及体育用品业品牌国际化发展战略。本书能够顺利出版，得益于符云玲等学界同人为课题的实证调研所提供的帮助，要特别感谢曲阜师范大学刘刚教授所提供的指导与帮助,还有在出版过程中各位领导、编辑、老师和同学亦提供了指导与帮助,在此一并感谢。书中难免有不当之处,敬请各位批评指正!

林 宇

目　录

第一章　导论 ... 001
第一节　研究背景和意义 ... 001
第二节　文献综述 ... 003
第三节　体育产业融合的基础理论 ... 016

第二章　体育产业融合发展的基础与趋势 ... 029
第一节　体育产业融合发展的现实基础 ... 029
第二节　体育产业融合发展的驱动因素 ... 032
第三节　体育产业发展的趋势与走向 ... 036

第三章　体育非物质文化遗产与旅游融合发展 ... 049
第一节　体育非物质文化遗产与旅游融合发展的机制 ... 049
第二节　生态文明视域下体育非物质文化遗产"水族舞"旅游开发 ... 053
第三节　基于体育非物质文化遗产保护的旅游产业开发 ... 067
第四节　体育非物质文化遗产与旅游融合发展——以青州花毽为案例 ... 081

第四章　体育产业与文化产业融合发展 ... 085
第一节　基于投入产出模型的我国文化产业波及效应分析 ... 086
第二节　体育产业与文化产业融合发展的实证分析 ... 100

第三节 体育产业与文化产业的融合发展对策建议 ……………… 109

第四节 体育产业与文化产业融合发展实证分析——以公路
自行车赛事为案例 …………………………………… 113

第五章 体育产业与旅游产业融合发展 …………………………… 117

第一节 体育产业与旅游产业融合发展的效应分析 …………… 117

第二节 体育产业与旅游产业融合发展的对策 ………………… 120

第三节 体育产业与旅游产业融合发展的实证分析——以黑龙江
冰雪旅游为案例 ……………………………………… 124

第六章 体育产业与健康产业融合发展 …………………………… 127

第一节 体育产业与健康产业融合的作用 ……………………… 128

第二节 体育产业与健康产业的融合发展路径 ………………… 132

第三节 体育产业与健康产业融合发展的实证分析——以电动
轮椅为案例 …………………………………………… 136

第七章 体育用品业与服务业融合发展 …………………………… 139

第一节 体育用品业与服务业融合过程 ………………………… 140

第二节 体育用品业与服务业融合发展机制 …………………… 143

第三节 体育用品业与服务业融合路径 ………………………… 148

第四节 体育用品业与服务业融合发展的实证分析——以 A 集团
为案例 ………………………………………………… 150

第八章 体育用品业国际化品牌战略分析 ………………………… 153

第一节 理论框架 ………………………………………………… 154

第二节 联合分析设计和计量模型 ……………………………… 155

第三节 数据来源和分析 ………………………………………… 160

第四节 结论和建议 ……………………………………………… 165

参考文献 ……………………………………………………………… 167

第一章　导论

第一节　研究背景和意义

一、研究背景

党的十九大报告指出，中国特色社会主义进入新时代，我国经济已由高速增长转向高质量发展阶段，处于优化经济结构的重要时期，迫切需要加快发展先进制造业、推动现代信息技术与实体经济深度融合，培育新的经济增长点，形成新动能。步入新时代的体育产业，随着经济的发展也产生了很大的变化，逐步扩展到多元和高质量需求发展阶段。借助 2022 年北京冬季奥运会，公众参与冰雪运动的热情极高，冰雪运动产品和服务供给不断扩大，参与冰雪运动门槛降低，"冷资源"变身"热经济"，这些都标志着我国体育产业进入了快速发展的高峰期。

随着我国经济水平的不断提高，人们对于健康的重视不断提升，对于体育产品与服务的需求不断增加。2014 年 10 月，国务院印发了《关于加快发展体育产业促进体育消费的若干意见》（下文简称"国发〔2014〕46 号文"），强调要培育多元主体化体育产业布局，改善产业结构，丰富产业内容，积极扩大体育产品和服务供给，推动体育产业成为经济转型升级的重要力量。习近平总书记的重要讲话对体育与其他领域的融合发展提出了新要求，体育与教育、科技、文化、旅游、养老、医疗等领域密切相关，体育与这些领域的互动、融合更加密切。体育与文化、旅游、健康等产业的融合发展既能大幅度拓展体育产业的发展空间，也能催生"体旅文商"融合发展的新业态、新模式、新产品，激活并优化大体育产业生态圈。

随着现代科技和经济的发展，产业间的融合发展已成为产业发展的必然趋势，产业融合成为现代经济发展的新增长点。伴随着体育行业发展的深入，体育产业的内涵和外延不断丰富拓展，新型业态层出不穷。当前，学术界对体育产业融合的重视度也在不断升温，已成为当前我国体育学研究热点领域和未来趋势。产业融合作为经济发展新趋势，正逐步渗透到社会经济的各行各业。体育产业融合要根据产业演进的客观要求，突破产业边界，充分利用现代工业革命和科技成果，采用新兴的经营理念和管理模式，有力扩展体育产业发展空间，在体育及其相关产业渗透、重组与交叉中实现区域资源的优化配置，从而构建新的产业价值链，取得体育产业创新性发展。目前，全球已经进入品牌经济时代，品牌竞争已成为国际市场竞争的主要形式。我国已成为全球最大的体育用品生产基地和主要的消费市场，体育用品业逐渐由国内市场走向国际市场，参与国际竞争，开拓国际贸易市场，树立体育用品中国制造新形象，打造拥有自主知识产权的体育用品国际知名品牌，对我国体育用品业摆脱"贴牌生产"和推进体育用品中国制造升级和供给侧改革具有重要意义。

二、研究意义

产业融合作为产业经济发展的一种新型的发展形态，这种现象已经越来越受到人们的普遍关注。随着信息技术与互联网的迅速发展，我国体育产业的快速提升，一些传统体育产业发展模式已经不适合新兴体育市场需求。产融结合的不断深入，推动产业之间形成共同的技术和市场基础，推进产业由低级向高级攀升，有利于打破区域间的障碍和壁垒，推动区域间资源要素充分的重组与流动。加快产业融合发展是提升产业竞争力的必由之路，是培育新型业态和新兴产业的重要途径。产业融合作为经济发展新趋势，正逐步渗透到社会经济的各行各业，体育用品业的快速发展，是拉动内需、扩大外贸出口和培育新的经济增长点的动力源。目前，我国的体育用品市场迎来空前的繁荣，对国内体育用品企业来说既是机遇也是挑战，充分发挥本土品牌的优势，立足国内市场，放眼国际市场，打造中国体育用品知名品牌，真正实现从体育用品生产大国到体育用品品牌大国的转变，全面提升我国体育用品企业品牌国际竞争力。因此，体育产业融合作为具有"革命性"的产业创新形式，正掀起一轮新的体育产业变革，给社会经济发展带来深刻的影响，具有重大的理论价值与实践意义。

第二节　文献综述

国内外学者关于产业融合的研究比较丰富，但多数学者主要是从技术的角度对产业融合的现象进行研究分析。为了便于对产业融合理论的详细把握，有必要对国内外产业融合研究的基本理论、发展历程等进行梳理。

一、国外产业融合研究

（一）产业融合概念

产业融合研究最初是起源于"技术融合"，是由于数字技术的出现而引发的产业之间的交织。国外产业融合的思想最早源于美国学者罗森伯格，他认为，当相似的或同一项技术应用于不同的产业时，不同的产业逐渐形成对同一套生产技术的依赖，这个过程即为技术融合。美国学者尼古拉斯·尼葛洛庞帝用三个相互交叠的圆圈来演示和描述媒介技术边界趋于重叠的聚合过程，三个圆圈交叉重叠的地方即产业融合地带是成长最快、创新最多的领域[1]，在信息通信行业、机械工具、功能食品、包装技术等领域技术融合都会发生[2]。日本学者植草益认为产业融合是通过技术革新和放宽限制来降低行业间的壁垒，加强各行业企业的竞合关系[3]。美国学者尤弗亚认为产业融合是通过数字技术后原本各自独立的产物之间产生了融合。格里斯坦和卡恩认为在计算机和通信业，产业融合是产业边界的逐渐模糊。不同的学者对产业融合有不同看法，从狭义的视角剖析产业融合是源于信息通信业基础上，呈现出的产业界限逐步模糊化，这一限定主要适用于"三网融合"，即计算机通信、电信和广播电视业三者之间的融合。在欧洲委员会"绿皮书"中把产业融合视为产业同盟归并、技术网络平台和市场三个角度的融合，先是从技术融合，再到业务产生融合，最后到市场逐步融合，融合呈现出逐步渗透、渐渐深入的典型过程。澳大利亚政府信息办公室将产业融合扩展至服务部门，《澳大利亚融合报告》将产业融合界定为由于数字化而导致的服务部门重构。从广义的视角剖析，林德提出了融合无所不在，产业融合是常见的一种归并，是市场发生分离后的市场合并新形式，是由技术变革引发的产业界限的模糊和进入壁垒的消除。麦霍特纳提出了产业融合是指两个或两个以上过去各自独立的产业，当它们的企业成为直接竞争对手时所产生的产业行为。

---

[1] 曹漪那，付玉杰. 从尼葛洛庞帝"三圆交叠"说看媒介分化[J]. 西南民族大学学报（人文社科版），2009，30（12）：223—226.

[2] 王华东. 贵州省旅游产业与文化产业融合发展研究[D]. 贵阳：贵州财经大学，2013.

[3] 植草益. 信息通信业的产业融合[J]. 中国工业经济，2001（02）：24—27.

（二）产业融合类型

尼尔斯·斯蒂格利茨提出了四种不同类型的产业融合，通过对移动通信产业创新体系演变的分析，认为不同的融合类型对于产业发展演化和商业战略的影响是不同的。美国学者格林斯腾和卡恩纳将产业融合分为技术替代融合、技术整合融合和技术互补融合三类。斯蒂格里利茨提出了产业融合分为供给方的技术融合和需求方的产品融合[①]。麦特霍纳认为产业融合可以分为来自需求方的功能融合和来自供给方的机构融合。

（三）产业融合的驱动因素

有关产业融合驱动因素的观点主要集中在两方面：一是技术要素创新促使产业融合的发生，二是在多种复杂因素的共同推动下发生了产业融合。市场需求、技术创新、综合因素、市场供给等因素为产业融合提供了动力[②]，技术驱动、规制放松和需求驱动是促进产业融合的内外动力[③]。约菲的研究指出，技术创新和企业间的战略合作是产业融合的动力因素，而技术创新、战略联盟、管理创新和政策管制放松是推动产业融合的主要动力。波特认为在技术创新要素的作用下，新型信息技术在传统产业中运用，致使传统产业的边界慢慢地消融、合并；安德加森认为创新引发了技术融合的过程[④]；吉尔沃德提出数字化引致的技术动因、自由竞争产生的经济动因、被削弱的垄断和管制等多种因素，是促进产业融合的动因[⑤]。

---

① 赵新华.产业融合对经济结构转型的影响：理论及实证研究[D].长沙：湖南大学，2014.

② 杨沁.休闲农业与乡村旅游融合发展研究[D].武汉：武汉轻工大学，2018.

③ 郭承先.产业融合研究：基于企业行为的分析视角[D].北京：中共中央党校，2017.

④ 李琦.互联网金融领域信用与风险的理论与实证分析[D].重庆：重庆大学，2015.

⑤ 冯晓棠.文化产业融合发展研究——投入产出分析视角[D].太原：山西财经大学，2016：5—6.

（四）产业融合的发展过程

产业融合并不是一蹴而就的，需要经过不同的进程才能形成，尤其在产业融合的发展过程中，学术界普遍存在一种共鸣，认为产业融合是一种动态过程。

麦霍特纳认为产业融合分为机构融合和功能融合，并按照融合的不同程度，细分为高功能与高机构的融合、高功能与低机构的融合以及低功能与高机构的融合三种类型[1]。美国学者阿方索和塞尔瓦托提出产业融合要经历技术融合、管理融合和市场融合三个动态发展阶段，而这三个阶段彼此间互相联结并互相推动，任一阶段的缺失或停滞都会导致产业融合无法完成。斯蒂格利茨对产业融合过程中各阶段的特点进行了剖析：第一阶段是需求与供给两方面都毫无关联的产业，在受到技术创新和政府管制放松等外因的激发后产生技术融合；第二阶段是在产业边界逐渐模糊、市场结构以及产业主体战略变化等因素的推动下，发生了业务与管理的融合；第三阶段是经过前两个阶段的演化，这两个产业在技术、产品等方面已具有相关性，从而使产业结构趋于稳定，进而完成市场融合[2]。另外，一些学者从产业结构、价值链等视角对产业融合发展过程进行理论抽象分析。科里斯等学者从产业结构的视角出发，认为产业融合的演进过程是从传统的纵向产业结构演变到横向产业结构的过程，从价值链的角度来看，产业融合的过程分为生产融合、采购融合和分销融合，一旦链条中一个环节发生融合则会产生多米诺骨牌效应促成其他环节产生融合[3]。

---

[1] 鲁志琴. 我国运动休闲特色小镇产业融合发展研究[D]. 武汉：武汉体育学院，2021：4—9.

[2] 李燕. 中国文化创意产业融资效率的测算及其影响因素研究[D]. 长春：东北师范大学，2018：23—25.

[3] 余佳，游达明. 产业融合视角下企业间竞合策略[J]. 系统工程，2018，36（09）：154—158.

二、国内产业融合研究

（一）产业融合的概念

产业融合是指高新技术作用于传统产业，致使两个或两个以上产业融为一体，产生新的产业[1]。产业融合多发生在产业的边界和交叉地带，是不同产业或相同产业内的不同行业之间互相渗透、交叉，进而合为一体，并产生新的产业的动态发展过程[2]。由于技术进步和管制放松，位于产业边界和交叉处发生的技术融合，改变了原有产业产品的特性，进而引致产业的界限不清，甚至重新划定产业界限，即为产业融合[3]。数字技术是产业融合的基础，在信息化时代，产业融合首先发生在电信、广播、电视和出版边界处，是产业边界模糊与消失的新经济现象[4]。"互联网+"时代的到来，使产业融合的模式逐步发生改变，互联网使用直接外部性和间接外部性两种形式作用于传统产业，产生促进传统产业增长的"外溢效应"和抑制其增长的"极化效应"，对经济社会的发展产生重要的影响和意义[5]。在现实经济中，鉴于科学技术的进步，尤其是现代信息技术的飞速发展，使得三次产业的边界日益模糊，区域和行业的边界也被企业合并的潮流所打破，进而显露出产业融合发展的态势[6]，最终形成了新的产业或新的产业增长点，产生"1+1>2"的生产效果和经济利益，则是产业融合发展孜孜以求的目标。

---

[1] 卢东斌.产业融合：提升传统产业的有效途径[J].经济工作导刊,2001（06）：4.
[2] 厉无畏.产业融合与产业创新[J].上海管理科学,2002（04）：4—6.
[3] 马健.产业融合理论研究评述[J].经济学动态,2002（05）：78—81.
[4] 周振华.信息化进程中的产业融合研究[J].经济学动态,2002（06）：58—62.
[5] 孙军,高彦彦."互联网+"时代产业融合的理论范式与路径选择[J].江淮学刊,2017（05）228—230.
[6] 厉无畏.依靠融合、创新产业推动中国新一轮经济增长[J].上海国资,2002（12）：4—7.

（二）产业融合的类型

科学的分类有助实现产业融合的理论研究，从迄今为止的研究成果来看，国内的学者们根据不同的研究目的分别从多个角度进行了不同的分类，但归纳起来主要有从技术、产品、企业、市场、融合程度、融合方向、模块化等视角对产业融合进行分类研究。

张磊从产品的视角入手，将产业融合分为替代性融合和互补性融合两类。替代性融合是指在以新技术为基础，对两个无相关关系的产业中，具有相似特点和效能的单独产品进行整合，以使这两种产品具有相互可替代性。互补性融合是指在产品标准和技术的促使下，对不同产业的不相关产品进行整合，以取得更大效应而形成互补性融合[①]。周振华借助产业融合中的三个基本要素：原本各自独立的产品，数字技术使用、整合，把产业融合类型增加为三类，即替代型融合、互补型融合和结合型融合，结合型融合是指原本各自独立的产品，在同一元件标准束或集合下，通过功能渗透完全结为一体的产品整合[②]。厉无畏从产业的角度着手，把产业融合分为三类：一是高新技术的渗透融合，即高新技术产业向其他产业渗透，发生了两个或两个以上产业的融合，并产生新产业；二是产业间的延伸融合，即通过产业间的功能互补与延伸，使原有产业的新功能增强，形成产业融合新体系；三是产业内部的重组融合，主要指同一产业内部相关联的产业，经过重组和整合，形成新的产业形态的过程[③]。此后，李浩和聂子龙将产业融合类型扩展为四类，即在三分类法的基础上，增加了全新产业取代传统旧产业而发生的融合，新融合的产业具有自身独特的性质，是新生产业[④]。胡汉辉、邢华认为产业融合主要分为产业渗透、产业交叉和产业重组。产业渗透是指高科技产

[①] 张磊.产业融合与互联网管制［M］.上海：上海财经大学出版社，2001：13.

[②] 周振华.论信息化中的产业融合类型［J］.上海经济研究，2004（02）：11—17.

[③] 厉无畏.产业融合与产业创新［J］.上海管理科学，2002（04）：4—6.

[④] 李浩，聂子龙.产业融合中的企业战略思考［J］.南方经济，2003（05）：46—49.

业与传统产业在边界处的融合；产业交叉是指高科技产业链延伸到产业边界，通过产业之间功能互补和延伸形成的交叉融合；产业重组是指某产业内部的子产业等具有紧密联系的产业之间，经过重新整合，形成的新业态[1]。于刃刚认为产业融合发展意味着传统产业之间的边界正在逐步模糊化、不清晰化，不同产业之间没有绝对的界线，可分为全面融合和部分融合[2]。

马健从融合程度和市场效果的视角，将产业融合划分为完全融合、部分融合和虚假融合[3]。胡金星从系统、制度和模块三个视角尝试对产业融合进行分类，一是从系统视角，把产业融合分为结构融合和功能融合，结构融合强调的是产业内部的稳定联系被打破，不同产业的构成要素重新组合，并形成新的稳定关系，而功能融合则强调不同产业通过相互竞争与合作，渐渐引起不同产业具有相似功能的过程；二是从制度视角划分，可分为微观层次的标准融合、宏观层次的产业管制政策和监管机构的融合[4]；三是从模块化视角划分，模块化是产业进行分化和组合的过程，可分为模块互补融合与模块替代融合两类[5]。胡永佳从产业融合的方向和结果进行分类，从融合方向上来看，将产业融合分为横向融合、纵向融合和混合融合。横向融合发生在与顾客密切关联、市场部分叠加的产业之间，纵向融合发生在位于上游、下游产业之间的企业中，混合融合主要发生在产业关联小的产业之间。从产业融合的结果上来看，可划分为吸收型融合与扩展型融合，吸收型融合是指多个产业被吸收进同一个新的产业中，而原来的产业不再独自存在；扩展型融合是在原来

---

[1] 胡汉辉，刑华.产业融合理论以及对我国发展信息产业的启示[J].中国工业经济，2003（02）：23—29.

[2] 于刃刚，李玉红，麻卫华，等.产业融合论[M].北京：人民出版社，2006：8—17.

[3] 马健.产业融合论[M].南京：南京大学出版社，2006：45—47.

[4] 胡永佳.产业融合的经济学分析[M].北京：中国经济出版社，2008：52—53.

[5] 胡金星.产业融合的内在机制研究[D].上海：复旦大学，2007：59—65.

多个产业的交叉地带互相融合，产生新的产业，但原来的产业依然单独存在[①]。

(三) 产业融合的动力系统

技术革新和经济管制放松是产业融合的主要原因，技术革新与经济管制放松分别是产业融合的内外原因[②]，但技术的进步并不是产业融合的唯一内在原因，只有将管理的创造性与技术进步和管制放松结合起来，才最终使产业融合成为现实[③]。周振华有相似的看法，他认为政府管制的放松和企业管理的创新是促使产业融合发生的动力[④]。于刃刚等学者在《产业融合论》一书中指出，产业融合出现的主要原因是技术创新、政府放松经济性规制、企业跨产业并购、组建战略联盟以及四者之间的相互作用[⑤]。厉无畏则认为产业融合是产业发展的内在规律，即社会生产力进步和产业结构高度化在现阶段的具体体现，产业创新直接促进了产业融合的发展，产业间的关联性和对收益最大化的追求是其内在动力，而技术创新和技术融合是催化剂[⑥]。胡金星认为产业融合过程是一个自组织过程，它是在产业系统的开放性、远离平衡态与不同产业要素间的非线性相互作用等前提条件作用下产生的，只有努力满足这些因素，才能促进产业融合的产生[⑦]。产业融合产生的动力因素则分为竞争和协同两类，障碍因素包括制度障碍、企业能力障碍与需求障碍三

---

① 胡永佳.从分工角度看产业融合的实质[J].理论前沿，2007 (06)：30—31.
② 马健.产业融合理论研究评述[J].经济学动态，2002 (05)：79—80.
③ 张磊.产业融合与互联网管制[M].上海：上海财经大学出版社，2001：83.
④ 周振华.信息化进程中的产业融合研究[J].经济学动态，2002 (06)：58—62.
⑤ 于刃刚，李玉红，麻卫华，等.产业融合论[M].北京：人民出版社，2006.
⑥ 厉无畏.产业融合与产业创新[J].上海管理科学，2002 (4)：4—6.
⑦ 胡金星.产业融合的内在机制研究——基于自组织理论的视角[D].上海：复旦大学，2007：46—62.

类[①]。周春波综合国内现有研究动力要素，主要从需求驱动、技术创新、组织管理创新、政策管制放松等方面进行产业融合分析[②]。

（四）产业融合的发展过程

产业融合是产业组成因素扩散与整合的过程，产业系统的开放性、模块化分工演进、技术融合等因素在融合过程中起着举足轻重的作用。尤其在产业融合发生之前，各产业有明晰的界线，相互之间是独立的，各自出产不同的产品，供给不同的服务。随着信息技术不断地革新，信息技术在产业当中的渗透程度、速度和范围越来越大，越来越多的产业采取多元化途径生产各种产品、提供多种多样服务，这时不同产业中间发生交叉，产业界限逐步模糊，融合型产业开始显现，产业融合发生。李玉红认为技术创新、政府对经济性管制的放松以及企业为追求范围经济等多种因素的共同驱使下，各产业的进入壁垒渐渐削弱甚至消除，产业边界模糊不清，产生产业之间的互动融合，形成新的竞争合作关系[①]，不同产业中的企业跨产业并购、合作行为频繁发生，导致企业经营范围拓宽，经营模式多元，生产产品多样，以不断满足新的市场需求[③]。周振华从技术层面来揭示产业融合拓展化的展开过程，一是在技术和网络平台层面上发生技术融合；二是在技术上持续的进步将进一步巩固沿着价值链的不同环节产生的融合，技术层面的融合通常成为服务和市场融合的基础，服务和市场融合带动产业兼并与联合，促进产业组

[①] 胡金星.产业融合产生的内在机制研究——基于自组织理论视角[C].上海市社会科学界第五届学术年会文集青年学者文集，2007：282—286.

[②] 周春波.文化产业与旅游产业融合动力：理论与实证[J].企业经济，2018（08）：146—148.

[①] 李玉红，麻卫华.产业融合现象成因分析[J].河北经贸大学学报，2003（01）：53—55.

[③] 于刃刚，李玉红.论技术创新与产业融合[J].生产力研究，2003（06）：175—176.

织方面的融合[1]。

（五）产业融合的意义

1. 产业融合对产业发展的意义

产业融合将有力地推进我国传统产业新旧动能转换和产业结构升级。目前，中国还是一个发展中国家，未来我国经济社会发展要以推动高质量发展为主题，但一些传统产业占比依然较大，而高新技术产业占比相对较低。高新技术产业与传统产业之间有一定的相关性，并且具有相对较高的产业成长性、业务耦合性，因此，在二者的交叉处产业融合就比较容易发生。把高新技术产业与传统产业相融合，能有效改变传统产业的技术工艺、生产特点以及市场竞争与需求状况，提高传统产业的竞争力，使传统产业重现生机与活力。李晓丹认为产业融合作为一种新的经济现象，是由于高新技术及其产业，作用于其他技术及其产业，使得两种产业或多种产业融为一体，并逐步催生出新的产业属性的结果[2]。同时，在新技术革命的条件下，产业的高度分解与重新整合，共同推动产业的发展与创新。

2. 产业融合对产业组织、产业创新等方面的意义

余东华分析了产业融合的本质是在技术创新的驱动下，打破传统产业的组织形态，协调资源的变化，创新商业模式，促使产业组织形态创新的动态发展过程。产业融合通过推动产业结构演进和规范企业市场行为，淡化产业界限，改变产业竞争格局，优化产业组织结构，形成新的产业组织形态[3]。同时，产业融合能够带来更好的产业绩效和巨大的增长效应，给消费者带来多样化的消费选择，从而增进社会福利水平。李萱分析了近几年国内外文化产业的发展基本状况，文化产业与其他产业以及文化产业内部各产业之间的相互渗透与相互融合，已经成为世界各

---

[1] 周振华. 产业融合拓展化的过程及其基本含义［J］. 社会科学，2004（05）：5—8.
[2] 李晓丹. 产业融合与产业发展［J］. 中南财经政法大学学报，2003（01）：54—56.
[3] 余东华. 产业融合与产业组织结构优化［J］. 天津社会科学，2005（03）：72—76.

国文化产业发展的强大推动力。但就目前的研究态势来看，我国文化产业发展的学理性研究还远远不够，对于打造文化品牌等一些重要问题的研究还不够深入，同时由于文化和文化产业本身的复杂性，如何利用产业融合与文化创意，将丰富多样的中国文化资源进行现代转换，创造出具有中国文化特质，并且受市场欢迎的文化产品，这是产业融合发展所带来的重大机遇，也是我国文化产业创新与发展的重要战略问题[①]。总之，产业融合使企业合理利用并整合现有资源，产生联结经济，出现乘数效应，带动产业实现高质量发展，提升产业绩效，通过产业间的渗透融合和产业创新融合发展的一连串的反应，产业结构日趋合理化和高级化，进而提高产业的整体竞争力和核心竞争力。

（六）产业融合的发展趋势

1. 信息通信领域和其他具体产业领域

毛蕴诗、梁永宽分析行业边界模糊理论，阐述了信息产业与传统产业的融合趋势，借助现代信息技术，推动其他产业融合发展，凸显其他产业的核心价值，提升产业综合竞争力[②]。王素贞等人认为，从某种程度上来看，深化信息通信与传统产业上下游的合作，促进信息产业与传统产业融合互动的发展过程，既是新型工业化的实现历程，又是引致信息产业对国民经济持续发展的带动和促进作用逐渐增强，产业融合程度加剧，产业链延长，从而形成综合多元的产业融合体系[③]。马健认为，信息技术在产业内和各产业之间的扩散融合，是信息技术推动产业结构转型升级的有效途径，信息技术融合能够提供应用范围更广、服务内容

---

① 李萱.产业融合：文化产业创新的强大动力[J].郑州大学学报（哲学社会科学版），2008（04）：10—11.

② 毛蕴诗，梁永宽.以产业融合为动力徒进文化产业发展[J].经济与管理，2004（05）：9—10.

③ 王素贞，边永清，杨海亭.信息产业与传统产业互动融合之策略[J].统计与决策，2004（01）：49—50.

更优、服务质量更高的超值服务，并且以网络化和数值化为基础的信息流通能够使交易成本更经济，信息技术的应用大大提高了劳动效率，使生产环节的成本大大降低，信息传递和利用的效率得以有效提高，并且边际成本显著递减，边际收益显著递增[①]。

2. 产业之间的融合趋势

陈力丹、付玉辉分析了电信业和传媒业的融合，经历了从各自独立到相互融合的"大媒体"产业的发展历程，主要体现在技术与网络的融合、市场与服务的融合、企业与集团的融合、管制与政策的融合四个层面，"大媒体"产业是一种具有跨国家、跨产业、跨媒介特点的新型信息传播产业形态和产业体系，将为我国综合信息传播竞争力的提高提供现实的产业基础[②]。李美云认为，旅游业和动漫业的产业边界分明，市场独立，相互之间不具备直接的竞争关系，市场边界清晰；但二者都归属于内容产业，可以划分为内容制作和内容传播两个环节，并且内容制作和内容传播渠道边界明晰；但随着消费者需求偏好的变化，旅游业和动漫业都要认真识别自身活动价值的优劣势，创新技术手段，向彼此的产业领域进行渗透，形成融合两大产业优势价值的新产业链，实现产业的融合发展[③]。

3. 普遍意义的产业融合趋势

于刃刚从三次产业的视角，提出了三次产业间逐渐融合的趋势，首先，随着农业产业化进程的发展，加快了第一产业与第二、三产业的融合；其次，随着科学技术的进步，使第二、三产业互相融合的进程加快，

---

① 马健.信息技术融合推动产业升级的动因分析[J].科学管理研究，2005（01）：30—32.

② 陈力丹，付玉辉.论电信业和传媒业的产业融合[J].现代传播（中国传媒大学学报），2006（03）：28—29.

③ 李美云.论旅游景点业和动漫业的产业融合与互动发展[J].旅游学刊，2008（01）：56—62.

尤其是第三产业向第二产业的渗透增强；最后，服务业向第一产业、第二产业的渗透，由于服务业在第一产业、第二产业中属于中间消费，没有直接的标准可以衡量，因此在数量上难以具体计算[1]。产业融合的浪潮对旅游业造成了强有力的冲击，旅游业跨界发展的趋势不断显现，旅游业与服务业、制造业等产业相互渗透，深层组织结构发生改变，新型功能日益凸显，新型旅游业态日趋多元，产业价值链发生深层的解构与重塑，旅游产业价值链不断升级，形成新的价值链增值点[2]。

综上所述，国内外学者有关产业融合的研究范围较广，涉及产业融合的概念、类型、效应、驱动因素、发展过程、发展趋势等多种方面，特别是国外学者对技术融合与产业融合的关系，技术变革对产业融合的推动作用等方面取得了丰硕的研究成果。虽然国内学者对产业融合的研究起步较晚，但研究速度不断加快，研究范围不断扩展，尤其是随着信息化、计算机网络行业的发展，我国学者从多方位、多角度对产业融合的理论进行探讨，为国内产业融合的研究揭开了新篇章。总体来看，国内学术界对产业融合的研究仍处于刚刚起步阶段，有关产业融合的研究仍须进一步积极探索。第一，学者的研究早期大多集中在高新技术产业、信息通信业领域，但目前对旅游业、文化业、制造业和体育赛事等服务业融合的关注逐步增多；第二，技术进步是产业最初融合的内部动力或者前提条件，而随着时代的发展，技术进步、文化创新、政府管制放松、需求升级等多种因素的综合作用均成为促进产业融合的重要因素。在学者们已有的研究中不乏理论的闪光点，这些理论闪光点对于研究体育产业的融合发展提供了范式和借鉴。

---

[1] 于刃刚.三次产业分类与产业融合趋势[J].世界经济与政治，1997（01）：42—43.
[2] 杨颖.产业融合：旅游业发展趋势的新视角[J].旅游科学，2008（04）：6—8.

第三节 体育产业融合的基础理论

一、体育产业

体育产业是民生产业、绿色产业、朝阳产业，也是蓬勃发展的新兴产业，随着全民健身和"健康中国2020"战略的深入实施，我国体育产业总体规模日益扩大，产业结构日趋合理，融合发展趋势明显，发展前景十分广阔，未来潜力很大。经济效益和社会效益协同发展，是推动社会经济发展的重要动力。随着国家经济的稳步增长与满足群众多样化体育消费需求，体育产业已经成为促进社会生产力发展的重要举措之一[1]。世界上大多数国家都把体育产业列为国家重点规划的目标及发展方向。但专家们对于"体育产业"这个词的理解，不同的人又有不同的见解，可谓是仁者见仁，至今都没有很明确的看法及定义。有学者认为，体育产业就是指生产和经营体育商品的企业集合体。也有学者认为，体育产业是提供体育产品的同一类经济活动的集合以及同类经济部门的综合。体育产业不仅包括体育器材、装备等，不是单纯的体育项目，还包括体育赛事运营、体育健身休闲、体育用品业、体育场馆运营与管理，以及体育培训等，与体育息息相关，已经渗透进其他产业各个领域。还有学者认为，体育产业是为社会提供体育产品的同一类经济活动的集合以及同类经济部门的综合，在人们参与的体育锻炼中，体育可以为参与者带来有趣的项目，也可以提供特定的服务产品。

体育产业是为了满足人们多样化体育消费需求，向社会供给体育产

---

[1] 李燕燕. 我国体育产业融合成长研究 [D]. 武汉：武汉体育学院，2014.

品的类似经济活动的集合以及同类经济部门的综合。体育产业成为国民经济中最具增长潜力的一个重要组成部分，具有和其他产业相似的普遍性质，即市场效益和经济效益，同时又具有和其他产业不同的特殊性质，即具有提高国民体质、增进国民健康、推动社会经济发展、促进民族团结进步等独特的产品功能。梳理不同学者对于体育产业的定义，理论界绝大多数学者认为：体育产业就是以体育活动、项目为主延伸出的一系列与体育相关的文化经济活动，主要为满足参与者的体育消费需求和精神需求而提供的一切体育产品及服务的集合。

二、产业融合

国内关于产业融合的研究历时几十年，但迄今在学术界仍缺乏一个统一的界定。在以信息技术为主要核心的第三次新技术革命和经济全球化浪潮的席卷下，产业之间相互渗透、交叉融合的趋势逐渐增强。产业融合初始于数字技术的出现导致的信息行业之间的彼此交融。有学者认为，可以通过信息技术业与服务业、工业在同一个产业、产业链、产业网中，相互渗透、相互包含、融合发展形成一个新兴产业，从而推动产业结构的升级与发展。

国内学者周振华认为，产业融合并不是一直存在于社会发展中，而是在经济社会发展转型的过程中，由于产业壁垒的逐渐模糊而形成一个全新的产业，两者产业的融合绝非简单相加，而是两者产业之间进行深度融合、相互交叉形成的一个更符合市场前景的产业[1]。虽然产业融合现象引起了学者的广泛关注，但一些学者在研究成果中对产业融合的定义进行明确界定的并不多，但都对于产业融合的未来有着共同且明确的认识：产业融合的出现，对于一些传统产业与新兴产业都将是一次重大

---

[1] 于仁刚．李玉红．产业融合［M］．北京：中共中央党校，2007：89—92．

的突破，学科间的交叉融合加速，新兴学科不断涌现，前沿领域不断延伸，必将成为世界产业发展的主要新业态。

三、体育产业融合

世界产业经济发展的三大趋势主要为集群化、融合化和生态化，而产业融合作为其中之一，备受关注。产业融合是指不同产业之间为了适应产业增长而发生的产业边界的收缩或消失，是通过相互分离的市场和产业边界进入壁垒的消除，来实现不同产业之间的相互渗透和相关发展[①]。随着体育文化逐步深入人心，体育行业与其他行业的融合成为新趋势。体育产业融合是指体育产业与相关产业以体育项目、体育设施等为平台和载体，通过产业、技术和消费等融合，导致体育产业和相关产业间边界模糊化，经过产业间的交叉重组，最终形成一种新的产业形态过程[②]。综合来看，体育产业融合是一个通过体育产业与其他相关产业相互延展、交融、整合以形成多种体育产业新型业态的动态发展过程。

四、体育产业融合动因、效应和特征

（一）体育产业融合动因

1.加快推进技术创新

产业融合是指同一个产业或者不同产业之间技术不断相互包含、相互融合发展的结果。尤其是不同类产业或同类产业技术在生产流程中形

[①] 耿宝权.大型体育场馆全寿命期管理研究［D］.北京：北京交通大学，2014：117—119.

[②] 殷俊海，贺达.体育产业融合发展的机理分析［J］.北京工业职业技术学院学报，2018，17（03）：110—112.

成产业之间的技术性进入壁垒，促进不同产业具有自身的技术边界。技术的逐步融合使得传统产业间的边界模糊化，一些传统产业间的进入壁垒下降，边界逐渐模糊不清，最终致使产业的融合发生。技术创新在体育产业融合发展中以体育产业本体资源为主体，充分利用现代新兴的互联网信息技术、借助其他产业新的生产工艺与技术等，重组升级体育产业生产工艺与技术水平，有效提升产业生产效率，不断创新体育产业业态与营销模式，有效拓宽体育产业市场范围。技术创新扩散与溢出效应是泛指企业间技术创新传播的应用过程，以及技术创新扩散过程中溢出的外部性利益，是体育产业融合发展的主要路径。

随着大数据与物联网的广泛流行，AD[①]公司研制出一款全球首双配备了"我的教练"（miCoach）功能的智能足球鞋。这款足球鞋的鞋底有特殊的凹槽，搭配miCoach速度传感器，miCoach速度传感器记录运动员在瞬间速度、平均速度、最快速度、冲刺次数、移动距离、高强度水平下的移动距离、步伐及步幅率在内的关键性指标，将miCoach速度传感器数据导入足球轨迹分析软件进行比较分析[②]。由于此系列新品的发布标志着miCoach技术已经步入了崭新阶段。通过miCoach技术再一次有力证实了AD在利用运动数据提升运动员表现的这一领域处于核心地位，将miCoach技术引入此系列新品更是通过面向大众推广，明确地展示了这一技术捕捉和评估运动员表现的能力。

2. 挖掘范围经济的潜力

范围经济泛指由同一家企业生产两种或两种以上的产品成本，低于两家专业企业各自生产一种产品的联合成本。范围经济包括区域范围内的经济优势与经营范围上的产品品种增多和服务功能扩充等规模。体育产业融合经过业务间的组合、企业间并购、资源与技术的分享，以及企

---

① 实际为某知名品牌，为避免广告和侵权嫌疑，本书采用AD指代。
② 卢洋.模糊与精准化的博弈：羽毛球运动中的赛博嵌入[J].武汉职业技术学院学报，2017，16（03）：108—111+115.

业协作所产生的多元化联合效应，并在融合过程中鉴于共享资源的反复利用，以达到降低成本，获取更多利润的根本目的。

近几年来，国内一些体育场馆设施浪费和闲置，以及提供产品与服务过于单一等方面的问题，造成体育场馆经营亏损，阻碍了体育场馆的健康发展。针对存在的问题，从体育产业融合的角度解决体育场馆设施闲置与经营问题，有利于体育场馆经营业务管理。借鉴国内外成功的体育场馆设施运营案例，把产业融合作为其体育场馆设施转型升级的根本思路，发挥体育场馆设施的多元化功能，为承办体育文化活动提供场地和服务，不断拓展体育服务种类和经营范围，承办多业态产业融合的城市体育服务综合体。如在体育场馆设施经营与管理上，要围绕体育项目来展开，以体育服务多元化功能为中心，兼有商业、办公、娱乐及健身等一站式服务功能，形成体育产业多业态融合发展的内部效应，并联合内部的市场设置、资本及人力等资源，采取多元化经营方式，有效减少单一产业链的发展限制，提高体育场馆设施的使用效率，增加场馆设施的收入，扩大体育场馆设施发展空间。

3. 提升网络经济

网络经济是建立在国民经济信息化基础上的，它作为一种全新的概念，目前学术界对这一概念尚未明确界定。随着现代信息化发展，多数学者从信息技术领域分析，基于网络技术、多媒体技术以及电子计算机等现代信息技术，以数字化的知识和信息作为关键生产要素，兼营各种信息市场，联结原材料—生产—加工—销售—消费—服务所有流程的产业融合经济现象。当前，网络经济与现代互联网技术的融合已成为体育产业融合的焦点，积极利用互联网技术搭建技术共享平台，依托其数量庞大用户群体，对体育企业进行宣传与推广，开发出新的产业融合路径，整合新的产业价值链与生产经营模式，有效降低社会交易成本，经济效益显著提高。在信息时代获取信息的途径越来越多，借助一些微信公众号，可以实现订阅和推送功能，通过微信公众号，宣传其公司的一系列的产品销售、维修、服务以及体育赛事活动。每个体育企业都有自己的微信公众平台,应用微信的支付服务商功能,实现了刷卡支付、扫码支付、公众号支付及APP支付方式,并提供企业红包、代金券、立减优惠等营销新工具,催生了体育场馆设施预约、微信赛事预约服务等新的融合发展模式。

(二)体育产业融合效应

体育产业融合有效地改变了体育产业价值的创造和分配、改变了体育企业间的竞争格局与合作关系,对体育产业的组织与综合管理、体育市场的运行与调控,以及体育资源的优化配置等多方面都产生了极为重要的影响。从微观角度分析,体育产业融合从根源上达成了实现体育产业综合性功能的目的、有效扩大了体育产业成长空间。以区域环境、资源特征、经济基础和社会因素为根本的地域空间差异,使体育产业融合发生在更大的空间领域内,实现体育产业内部以及体育产业和其他产业之间的最佳资源要素配置,将对更大范畴内的区域经济发展产生重大影响。

1. 构建区域运营基础平台

积极搭建区域运营平台,应用现代化市场营销方式,开发各种优势资源,形成与体育产业品牌相符合的、特有的营销风格,形成独具魅力的市场营销风格和手段,通过人工智能,为体育产业市场提供精准指导,扩大区域的对外影响力,提高区域体育产品的知名度,改善区域体育产业市场竞争格局。体育产业融合作为产业创新发展范式,在政策和制度的引领作用下,发展成为具有浓厚集聚效应的特色经济,有利于构建区域品牌形象,拓宽传播渠道。享有"五岳之首"美誉的泰山,是中华民族伟大崇高精神的象征,文物古迹丰硕,堪称"户外大型博物馆"。1987年9月,第一届泰山国际登山节举行,从那时起,每年的9月6日都举办泰山国际登山节。这不仅是一个体育盛会,也是一个旅游盛会,还是一个经贸盛会,更是一个文化盛会,来自国内外的登山运动员、游客、生产商等齐聚于此,参加各种各样的活动。例如,2020年9月6日,第三十四届泰山国际登山节暨第十届泰山石敢当文化节盛大开幕，在登山节期间，泰安市政府贯彻"文体搭台，经贸唱戏"的主旨，依托体育竞技、文化表演与展览，发挥泰山的载体作用，积极实施"文化+""旅游+"战略，弘扬泰山文化、泰山"挑山工"精神，确保文化、旅游、经济等多元协同发展。

2. 体育产业的多功能性

在体育产业融合发展的动态过程中，体育产业通过"并联"多家产业，实现产业间的横向交叉；通过"串联"多家产业，实现产业链的纵向对接；企业间共同的利益驱使，使不同的产业在技术、产品、市场、资源等方面实现横向和纵向联合，形成完整的、功能更新的网状产业体系，通过产业外溢，进而实现产业多元价值的提升与功能发挥。在体育产业的横向交互中，人工智能、电子信息技术、新型环保材料等前沿领域慢慢渗透到体育产业的发展过程中，实现数据化，形成体育产业大数据，促使体育产业和文化教育、旅游资源、生态环境进行内外部融合，延展出新的功能，催生出新的业态。在体育产业的纵向延伸中，依托传统体育产业分工，推动特色体育产业项目建设，通过利益协调机制、创新需求机制、成果转化机制，对关联产业不同部门间的技术、业务和市场，进行交叉、渗透与重组，最终形成新的体育产业体系，从而逐步实现体育产业功能的深度挖掘与创造[①]。

3. 体育产业绩效分析

产业融合是大势所趋，当前体育产业的融合发展是实现体育产业绩效优化的一条重要途径。在体育产业结构关联效应的基础之上，进一步推进体育产业融合可以促进体育产业资源的优化配置，减少约束，削弱行业壁垒限制，这样一来，可以实现体育产业业务活动分工的内部化，进而降低企业的交易费用和成本，提高不同的行业或产业部门间生产效

---

① 李燕燕，兰自力，陈锡尧. 我国体育产业融合的特征、类型及实现机制[J]. 首都体育学院学报，2015，27（06）：488—492.

率。在这些有利条件下，使体育产业获得更高的技术水平和价值创造能力。从产业价值链视角分析，原本相对分立的不同产业之间，或者同一产业内部各行业之间，通过体育产业融合实现了部分或全部产业链的融合，进而实现产业链的扩张和延伸，突出表现为新的体育产业链价值不再是原价值的简单相加，而是大于原产业链价值，即"1+1>2"模式。创新型产业融合产品，或者服务激发市场供给，改善不同行业资源优化再配置，具体是通过规模经济效应、范围经济效应和经济溢出效应三方面共同作用，提高企业的附加值和利润空间。

4. 促进区域经济一体化

由于体育产业融合触及的产业领域比较广泛，其对区域产业分工与合作提出了新的条件，主观上推动了区域经济一体化发展。从市场层面分析，体育产业融合在一定程度上将资源的价值与功能进行了整合，建立了新产品与服务的市场竞争优势，体育企业不断降低区域壁垒以寻求更大的利润。从制度层面分析，随着体育产业融合向纵深发展，区域内经济贸易活动更加频繁，经济资源因素的自由畅通以及企业跨地区协作逐渐成为一种常势，迫切需要区域政府突破传统体制的束缚，尝试现代市场化的制度改良与创新，完善区域经济发展的相关制度，削弱地方政府保护主义和分割方式的干涉，服务于区域经济统筹与协调发展，从而为企业扩大区域市场创造有利的外部条件。

（三）体育产业融合特征

1. 价值的延伸性

相较于传统产业链中的有形资产关联，体育产业链的区别主要体现在知识、功能及价值之间的关联，以及将知识分工与国家价值分工作为根基的功能网链结构，进而通过知识分工和知识分享为顾客创造财富。体育产业融合以体育产业价值的动态延伸作为基本出发点，在更大领域内完善资源配置，创造新产品和新服务，实现产业生产要素的积累。在市场竞争日益加剧的经济全球化发展趋向中，顾客的需求成为引导体育产业及其相关产业生产要素交叉、渗透和重组的重心，体育的价值和功能不断被引爆，其在社会市场供给中的特殊作用日益呈现。挖掘体育特殊的作用，顺应时代发展趋势，迎合当代生活潮流和生活方式的需要，创新产品与服务，引领社会市场供给，并最终占据社会市场竞争优势。

2. 需求主导性

信息化时代就是信息产生价值的时代，随着现代通信技术的变革和信息处理技术的迅速发展，广播电视、电信和出版三大产业融合得以在全球飞速发展。毋庸置疑，科学技术创新是产业融合全球化发展的动力源泉，体育产业作为第三产业的主要组成部分，并非生产技术高附加值产业，体育产业融合发展的动力主要是以个性化、差异化和高级化的体育供给增加为基础。如今，从体育产业融合发展现实出发，体育消费供给的高级化、个性化和差异化对体育产业及相关产业融合发展提出的新条件，促使政府或企业在控制市场优势的改进活动中，推动相关产业生产要素的组合。由不同特性的体育供给创造的市场环境，一方面，有助于企业获得更直接的竞争优势和更大的利润空间；另一方面，也有助于该行业实现从低成长性、低附加值状态到高成长性、高附加值状态的演进。

3. 规制协调性

在产业演化系统中，自组织系统对于整个产业的发展固然是重要的，然而外部力量的加持也不可或缺，尤其是政府在经济运行中所发挥的至关重要的作用，政府主观调控政策指引体育产业融合发展。相较于其他国家，我国体育产业发展整体起步比较晚，基础难免薄弱，加之原有计划经济体制的限制和资本要素的约束，体育产业发展缺乏有利的先天条件。因此，区域政府指导下的规制协调性发展对体育产业融合有着深远的意义。一是区域政府充分发挥税收、金融、财政、知识产权、法律、法规等各项产业政策的杠杆作用，通过间接诱导、直接干预和管制放松，促使体育产业实体积极实现产业融合，释放融合活力；二是区域规制通过适应性的变革，来进一步协调不同产业或部门的利益机制，进而为体育产业融合发展提供较为宽松的制度环境。

4. 创新系统演化性

以产业演化的主观规律的视角进行分析，产业融合采用了一种产业演化的革新成长范式，即产业分工的内部化，这种形式主要包含了市场创新、产品创新、制度创新、组织创新等。体育产业融合发展是一个动态的演化系统，伴随着产业生长周期的推进，原有的产业状态、产业性状、产业结构、企业行为和功能都会发生一定程度的变化和升级，新的产业子系统便得以产生并在此基础上形成新的竞争协作关系，这也对体育产业创新发展提出了更高的要求。在全方位的体育产业融合创新系统的集中与扩充的基础之上，体育产业融合创新系统集中及创新了网络的运用。而不只是简单的产物、技术等革新，并且为体育产业生产要素之间实现全新的相互交叉、重组与渗透提供了根本保障，由此新的产业经济增长点得以形成。

（四）体育产业融合理论基础

体育产业融合的理论基础主要包括：

1. 产业融合理论

产业融合对于推动产业不断创新、进一步优化产业结构等方面具有明显的效果，主要经历从技术融合—产品融合—业务融合—市场融合的发展阶段。在当今社会，随着经济快速发展，产业融合是未来产业间发展的一种新趋势，也是将来产业发展的必然选择。归根结底，产业间的融合主要是由市场供给导致的，促进了产业内部的分工和重组。

2. 可持续发展理论

1980年，国际自然和自然资源保护联合会编纂的《世界自然资源保护大纲》首次阐释了"可持续发展"这一概念，提出了其核心思想是既能够满足现代人的需要，又不会损害后代人满足其需要的能力。随着时代的演进和社会的发展，人们赋予了可持续发展更多的内涵，除了经济增长领域的可持续发展，还在环境、社会和文化多方面得以体现，唯有做到四者的协调统一，才能实现真正意义上的可持续发展。产业融合符合可持续发展的理念，能够优化产业结构，提高产业效能。

3. 社会分工理论

随着社会生产力的不断发展，自然分工开始向社会分工进行转变，迪尔凯姆首次提出社会分工理论，并受到国内外相关研究领域专家学者的广泛关注。产业融合理论与社会分工理论之间关系从本质上讲，两者并无差异，均是在原有的产业结构的基础上寻求突破，做进一步的调整优化，提高资源分配和利用能力。

4. 产业关联理论

里昂惕夫在《经济学和统计学评论》一书中首次提及该理论，这标志着产业关联理论的初步形成，之后又在《1919—1939年美国经济结构》一书中详细阐释了该理论。笔者认为产业投入产出方法对我国各部分经济之间进行量和质两方面分析，不同产业之间的关系和关联程度会在产业融合发展过程中进行体现，而只有相互联系的产业之间才有可能出现产业融合。

随着体育产业的不断发展，其内涵和外延也在悄然发生着变化，体育产业的内涵既具有丰富性，又兼具复杂性，但是其概念却在一定程度上受到模糊和泛化，这就会对被誉为是"综合性产业"和"复合性产业"的体育产业造成误解。到目前为止，相关学术领域始终未对体育产业的相关理论做出明确界定，因而缺乏相应的强有力的论证依据，这也导致体育产业发展模式和产业组织结构在发展的过程中缺乏相对完善的范式指导以及实践方面的指导。例如，体育旅游业，其实就是体育产业与旅游产业的融合，但一些学者对这一概念的界定虽有部分类似，但总体看具有明显的非一致性。到目前为止，体育旅游业的核心到底是"体育"还是"旅游"的争议一直存在，至今尚未有一个明确的界定。根据经济学中的产业融合理论，一方面，体育旅游业兼具体育产业和旅游产业两个产业的共有的特征和功能；另一方面，其又具有区别于两者的不同特征，是旅游和体育两个产业的融合，进而将体育旅游界定为两者融合的产物，还是原本各自产业的进一步延伸都需要进一步研究与论证。综合之前的论述，体育产业融合是在体育消费需求高级化、价值主张变迁、技术创新和政府管制等干预的基础之上，经过体育产业内部与其他产业之间相互交叉、渗透及重组，将原有的界限进行模糊化处理，进而发展形成新产业形态。

第二章　体育产业融合发展的基础与趋势

第一节　体育产业融合发展的现实基础

随着我国经济持续发展和社会的进步，现代体育产业的内涵和外延，已经不再仅仅局限于体育本体产业的范畴。体育产业与相关产业的界限变得越来越模糊不清，产业间的融合渗透和交叉重组不断促进新业态的产生，学术界把这一现象总结为体育产业融合。近几年来，以北京举办冬奥会为契机，国家高度重视体育产业发展，相继颁布一系列体育产业政策，建议政府结合本地实际，积极采取系列举措挖掘体育产业资源，践行体育产业融合发展的新思路。发展体育产业是一项积极推进体育与生态环境建设、体育与文化建设、体育与健康等结合体育产业融合的新举措，其意义在于以体育运动项目为载体，促进各领域资源的保护、治理、改善和效率的提升，用来满足社会大众享受体育的乐趣，进一步推动全民健身和体育产业体系的建设。

一、经济实力显著增强，为我国体育产业发展奠定了根基

2021年，我国经济发展保持全球领先地位，国民经济总体运行在合理区间，全年发展的主要目标任务已经完成，构建新发展格局迈出新步伐，高质量发展取得新成效，"十四五"实现了良好开局，为开启全面建设

社会主义现代化国家新征程奠定了坚实基础。2021年，我国生产总值比上年增长8.1%，经济增速在全球主要经济体中名列前茅；经济总量达1133518万亿元，突破110万亿元，按年平均汇率折算，达17.7万亿美元[①]，稳居世界第二，占全球经济的比重预计超过18%。人均国内生产总值8.1万元，按年平均汇率折算，达12551美元，突破了1.2万美元[②]。

二、优化体育产业资源，为我国体育产业发展提供助力

近年来，随着我国经济的快速发展，以北京冬奥会为契机，体育产业开始走向繁荣。在发展过程中，体育产业会随着产业活动的不断丰富和地域各种资源供给、市场需求联系在一起，随之产生了各种与之相协调的体育产业资源，有力地支持了体育产业的迅速发展。体育产业资源是指能够扶助体育产业部门进行业务活动开展，所动用的所有资源的总和。体育产业资源主要包括单一性体育资源和综合性体育资源，它不仅是大众体育运动和竞技体育运动发展的基础，同时也作为地域体育发展的重要依托，为我国经济发展奠定了良好的基础。

十九大报告中明确提出了"实施健康中国战略"，将全民健康置于优先发展的位置。2022年，国家体育总局体育经济司公布了全国体育场地统计调查数据，截至2021年底，全国体育场地达397.14万个，体育场地面积达34.11亿平方米，人均体育场地面积2.41平方米。借助北京举办冬奥会的重大机遇，全国冰雪运动场地数量和面积近年来增速显著。2020年底我国冰雪运动场地数量达到1888个，场地面积0.67亿平方米，而2019年底则为1520个、场地面积0.61亿平方米。一年之内冰雪场地

---

① 国家统计局. 中华人民共和国2021年国民经济和社会发展统计公报［EB/OL］.（2022–02–28）.http://www.stats.gov.cn/tjsj/zxfb/202202/t20220227_1827960.html.
② 人民要论. "十三五"辉煌成就. 经济社会［EB/OL］.（2020–09–22）.https://baijiahao.baidu.com/s?id=1678484523522559211&wfr=spider&for=pc.

就增加了 368 个，面积增加 0.06 亿平方米，这种增速同样是前所未有的[①]。

加强大型体育场馆运营管理，提升体育场馆综合服务功能，不断满足大众多样化的健身需求，助力健康中国建设。创新大型体育场馆经营模式，依托大型体育场馆开展"体育＋食住行游购娱"等多业态经营、打造城市体育服务综合体，提升体育场馆经营管理效益。依托体育场馆及其承接的赛事活动，诸如 2022 年冬奥会和冬残奥会等体育赛事，以丰富多彩的体育赛事带动体育消费转型升级，进一步优化区域体育产业链。此外，依托国内丰富的体育产业资源，如山林、湖泊、美食、音乐、文化、体育赛事等沉浸式体验文体旅游资源，为"体育＋文化＋创意＋体验"产品开发以及运动休闲消费水平提升奠定了资源基础。

三、高效优质的综合交通，改善了区域居民的文体生活

交通是基础性、服务性、引领性和战略性产业，是兴国之要、强国之基。"要想富，先修路"，随着体育产业的崛起，高效优质的综合交通让跨区域体育消费成为现实。目前，我国的铁路、公路、航空、水运、通信等基础设施互联互通，尤其公路、铁路、水运和航空之间的无缝衔接为推进体育融合发展进程提供有效保障。在共同构建以"五纵五横"为骨架的综合交通运输网络的基础上，区域交通正在逐步完善。区域交通快速发展是进一步优化区域经济发展格局，满足区域居民健身需求。围绕区域交通城市群的交通建设必然是通过进一步优化交通格局重塑经济发展格局，改变当前区域发展中呈现的城市间两极分化和城乡发展不均衡的局面。综合交通的建设，本质上是推动经济的快速发展，但归根到底是为民众谋福祉，是不断满足人们对美好生活的需求，这既是国家

---

① 国家体育总局发布《2020 年全国体育场地统计调查数据》[EB/OL]（2021-06-01）. https://www.sohu.com/a/472780667_121124698.

改革开放的初心，也是现代化交通建设的根本指导原则。由于现代交通基础设施与区域互联互通的交通网络深度合作，将从根本上消解空间对人们生活、运动、休闲、娱乐等的束缚，居民出行的活动范围扩大、活动频次不断提升，异地运动休闲、体育旅游交流越来越频繁，体验越来越好。

第二节 体育产业融合发展的驱动因素

在产业融合的过程中，体育产业以极强的互动性、公众参与性、经济带动性及其政策红利，已经成为经济全局一体化的重要一环[①]。体育产业有着与其他产业高度关联的交叉部分，其发展应带动与其相关产业的协同发展，通过体育产业与相关产业的重新组合，实现资源互补，最后形成拥有各自产业中心价值的新产业和新模式。而关联产业反过来也会提高体育产业的影响力，经过多方面合作共赢，其发展依附于上下游相关产业的支撑。近年来，国家颁布了产业融合发展的相关政策，而体育产业与旅游产业作为我国"十四五"时期需要大力发展的两大幸福产业，它们的深度融合掀开了体育旅游的新业态，成为现代服务业发展的热点。

体育产业是绿色产业，也是关联性极强的产业，不仅与"食住行游购娱"行业相关，还涉及科技、文化、教育、传媒等多行业带动共同发展。体育产业带动其他关联产业的效应越强，资源互相利用效率就越高，也为关联产业提供了广阔的市场空间。尤其在国外一些发达国家，体育产业已成为国民经济支柱性产业，与旅游、商业、建筑、通信、新闻媒体、网络游戏等产业深度融合，创造了巨大的产业效益和社会效益。

---

① 京津冀体育产业迈向深度融合发展［EB/OL］.（2018-12-04）.https://ww.sport.gov.cn/n14471/n14472/n14509/c884745/content.html.

一、政府导向作用

国家层面，2014年，国发〔2014〕46号文[1]颁布，中国体育产业揭开了高速增长的序曲。2018年，国务院办公厅印发《关于加快发展体育竞赛表演产业的指导意见》[2]，为破解体育竞赛表演产业发展难题，加快体育竞赛表演产业发展，具有重要意义。2019年，正值国发〔2014〕46号文颁布五周年之际，国务院办公厅印发了《关于促进全民健身和体育消费推动体育产业高质量发展的意见》[3]，提出要改善产业结构，提升体育服务业比重，支持体育用品制造业创新发展，大力发展"互联网+体育"，鼓励"体育+"融合发展。2022年，国务院办公厅印发《关于进一步释放消费潜力促进消费持续恢复的意见》[4]，消费是畅通国内大循环的关键，要创新消费业态和模式，拓展文化和旅游消费，综合施策，促进消费持续恢复。2019年，国务院办公厅印发《体育强国建设纲要》[5]，首先从政策层面回答了什么是体育强国、如何建设体育强国，明确提出到2035年，体育产业将成为国民经济支柱性产业的目标，要完善体育全产业链条，促进体育与相关行业融合发展，促进体育制造业转型升级、体育服务业提质增效。2021年，国家体育总局发布《"十四五"体育发展规划》，提出加快形成融合发展的体育产业体系，发展体育产品研发

---

[1] 国务院.关于加快发展体育产业促进体育消费的若干意见[EB/OL].（2014-10-20）. https://www.sport.gov.cn/whzx/n5590/c904544/content.html.

[2] 国务院办公厅.关于加快发展体育竞赛表演产业的指导意见[EB/OL].（2018-12-11）. http://www.gov.cn/zhengce/content/2018-12/21/content_5350734.htm.

[3] 国务院办公厅.关于促进全民健身和体育消费推动体育产业高质量发展的意见[EB/OL]. （2019-09-17）.http://www.gov.cn/zhengce/content/2019/09/17/content_5430555.htm.

[4] 国务院办公厅.关于进一步释放消费潜力促进消费持续恢复的意见[EB/OL]. （2022-04-25）.http://www.gov.cn/zhengce/content/2019/09/17/content_5430555.htm.

[5] 国务院办公厅.体育强国建设纲要[EB/OL].（2019-09-02）.http://www.gov.cn/zhengce/content/2019/09/02/content_5426485.htm.

设计等，壮大体育市场主体，打造现代体育产业体系[①]。

地方政府层面，北京市、山东省、山西省、河北省等省市均印发《关于促进全民健身和体育消费推动体育产业高质量发展的意见》，从现实层面来看，要以体育为核心，促进体育与其他产业的融合，做大"体育+"产业，为民众提供丰富多彩、满足多元化需求的体育产品。我国体育产业融合发展进入一个快速发展阶段，体育产业融合发展的内在逻辑、发展方向更加明晰。

北京市延庆区、河北省张家口市、吉林省、黑龙江省相继出台相关政策，推动冰雪产业和旅游、文化等产业融合，旨在将冰雪资源转化为经济发展新优势，促进冰雪产业全产业链发展。云南省、贵州省等西南地区，浙江省、广东省等南方省份，纷纷迎头赶上，让民众在家门口就能享受冰雪运动之美与乐。《黑龙江省冰雪经济发展规划（2022—2030年）》《黑龙江省支持冰雪经济发展若干政策措施》《黑龙江省委省政府关于加快我省冰雪旅游产业发展的实施意见》中明确：构建结构合理、发展协调、相关产业融合的冰雪产业体系[②]。2019年10月24日，黑龙江省在《关于加强北京冬奥会备战工作大力发展冰雪运动的具体措施》中提出：加快推进冰雪体育产业发展，促使冰雪资源与其他运动进行融合。一系列关于滑雪旅游产业融合相关的政策的出台，正在不断推动着滑雪旅游产业链的良性发展及消费升级。广西壮族自治区依托独特的自然环境和民族特色，创新打好"山水牌""赛事牌""民族牌"和"东盟牌"，大力发展山地户外、水上运动和民族体育运动，推动体育与旅游、农业、康养等产业融合发展，全面提升体育发展水平。特别是桂林市的户外运动产业发展令人印象深刻，充分体现了体育产业在促进当地经济社会发展和转变经济发展方式等方面的积极作用。

---

① 国家体育总局."十四五"体育发展规划［EB/OL］.（2021-10-08）.https://www.sport.gov.cn/zfs/n4977/c23655706/content.html.

② 马健.产业融合论［M］.南京：南京大学出版社，2006：148—149.

二、消费升级需求增加

近年来，消费变革呈现一系列新动向。伴随着健康中国战略和全民健身"跑"出加速度，体育产业进入快速发展通道，面向民众、以服务消费为主的体育市场体制初步形成。2021年7月，国务院关于印发《全民健身计划（2021—2025年）》的通知中指出，到2025年，人民群众健身热情明显提高，各项运动项目参与人数持续提升，经常参加体育锻炼人数比例达到38.5%，公共健身设施和社区15分钟健身圈全面覆盖县、乡镇及行政村三级，全国体育产业总规模达到5万亿元[①]。人们的生活水平得到极大改善，人们的健康需求越来越高，科学健身的理念愈加深入人心，人们的体育消费观念不断更新，体育消费水平不断提高，体育消费的势头增长极其强劲，成为体育产业转型升级的核心推动力。各类社会资本投资体育产业，助推我国体育产业进入新阶段。受全民健身热潮、运动多元化、运动休闲化及体育型生活方式等的影响，对各种健身场馆、大健康课堂、健身类APP和私人教练等的需求不断增多，科学的体育锻炼和专业的健身指导越来越受到人们的青睐，体育服务消费已成为重要的体育消费供给，由此带来健身服装用品、健身场馆器材、健身文化传媒及健身教育培训等产业的飞速发展。在经济建设中，随着我国市场化进程不断加速，体育市场活力不断激活，通过供给侧改革，促进体育消费，不断优化体育产业结构，推进体育产业融合发展，促进体育产业转型升级，是体育产业高质量发展的切入点，是经济增长的新动力，也是体育产业新的增长点，我国体育产业作为前景广阔的朝阳产业、绿色产业和幸福产业，对推动经济结构调整具有重要的积极作用，必将迎来巨大的发展空间。

---

① 国务院关于印发全民健身计划（2021—2025年）的通知［EB/OL］.（2021-08-03）. http://www.gov.cn/zhengce/content/2021-08/03/content_5629218.htm.

三、提升技术创新能力

技术创新是体育用品业创新和体育消费模式升级的重要支撑。自党的十八大以来，我国体育事业取得较快发展，全民健身事业蓬勃开展，竞技体育成绩明显提高，成功举办了 2022 年北京冬奥会，促使各门类的体育工作对于现代科技的需求也越来越多样化。技术创新是技术融合的基本条件，把高新技术融入体育行业，可以促进行业的发展。体育与科学技术的融合在体育硬件和软件方面有很大提升空间，如利用 5G、云计算、大数据、物联网、人工智能，以及移动互联网对体育设施与信息技术等方面进行处理和分析，能够带来新的网络、新的管理、新的体验、新的品质和新的业态，拓展体育产业发展的潜力和空间，带动相关产业协同发展。

第三节　体育产业发展的趋势与走向[①]

2021 年 3 月，十三届全国人大四次会议通过的《中华人民共和国国民经济和社会发展第十四个五年规划和 2035 年远景目标纲要》中提出，建设体育强国，扩大体育消费，发展健身休闲、户外运动等体育产业；发展服务消费，推动教育培训、医疗健康、养老托育、文旅体育等消费提质扩容，加快线上线下融合发展[②]。我国人民对自身需求随着经济的高速发展在不断变化，人民对自身的健康需求也在不断增加，健身休闲成为我国人民的重要生活方式，传统体育产业已经远远不能满足人民的健康需求。体育产业融合发展是促进体育产业结构优化的重要方式，对

---

① 林宇，周慧，胡倩．基于 GM（1，1）模型的中国体育产业增加值和总规模的预测[J]．经济数学，2019（04）：106—110．
② 中华人民共和国国民经济和社会发展第十四个五年规划和 2035 年远景目标纲要[EB/OL]．（2021-03-13）．http://www.gov.cn/xinwen/2021-03/13/content_5592681.htm.

于挖掘体育产业潜力具有重要意义。

中国特色社会主义进入了新时代,经济步入新常态,体育事业急速发展,体育产业发展进入了更广袤的空间,呈现出良好的发展态势,体育产业势必承担更重要的历史使命,体现体育的社会价值、经济价值,提升国民的生活质量,并将逐渐成为国民经济的支柱性产业。有关体育产业发展预测的研究,李亚慰、李建设采用变异系数法,预测并构建了2015年长三角地区体育主导产业模型,体育竞赛业和体育用品业分别居上海市和浙江省主导产业之首,而江苏省各产业之间差距不大,相对发展比较均衡[①]。杨倩依据我国2006—2008年体育产业统计数据,分析了我国体育产业结构,体育制造业和体育建筑业是我国体育产业的支柱性产业,对体育产业的产业贡献率是体育服务业产业贡献率的两倍以上,我国体育服务业对经济的贡献仍然较低,体育产业内部结构呈现出不均衡的特点[②]。黄海燕认为,我国体育产业核心层比重较小,外围层比重较高,将近80%,我国体育产业发达程度较低[③]。杨锋、江广和、张现成运用主成分回归分析法,对广东省、湖南省、湖北省和山西省的体育产业产值进行预测,预测值与实际调查值大体吻合,可以用于区域性的体育产业产值预测[④]。龚诗婕、吕庆华运用GM(1,1)模型对我国14家体育用品上市公司的成长资源、成长环境、成长能力等成长性指标进行了预测[⑤],除两家国际公司的预测精度不理想外,其他12家企业的预

---

① 李亚慰,李建设.长三角地区体育主导产业结构测算、模型构建与发展预测研究[J].中国体育科技,2015,51(06):17—25.

② 杨倩.基于统计数据的我国体育产业结构及其效益分析[J].天津体育学院学报,2012,27(01):27—30.

③ 黄海燕.我国体育产业结构评价与优化对策[J].武汉体育学院学报,2014,48(04):27—30—37.

④ 杨锋,江广和,张现成.区域体育产业产值预测模型的构建与实证研究[J].天津体育学院学报,2015,30(4):304—306.

⑤ 龚诗婕,吕庆华.我国体育用品业成长性指标体系构建与预测研究[J].沈阳体育学院学报,2018,37(03):15—22.

测精度均为合格及以上。李荣日、杨腕舒、刘宁宁、高文浩、杨剑运用 logistics 建立体育产业增加值的曲线估计模型，对体育产业论文数量、体育产业专利申请数量和体育产业增加值进行了预测，结果显示，我国体育产业增加值将会逐年快速增长[1]。综上所述，学者们运用不同的方法，从不同的层面对我国体育产业发展进行了预测和展望，有利于系统把握体育产业的发展状况。但对体育产业统计数据的运用略显陈旧，不能准确反映出体育产业发展的最新态势。

灰色预测把观测到的数据序列视为随时间变化的灰色量，并通过关联分析来寻求系统变动的规律。灰色预测模型 GM（1，1）是一种描述"小样本、贫信息"系统发展规律的单序列模型，也是最常用的灰色预测模型，被广泛应用于工业、农业、水文、能源、经济等领域[2]。因此，基于最新的体育产业统计数据，预测经济新常态下，未来一定时期内我国体育产业增加值和总规模的发展趋势和特征，客观分析体育产业的增长空间和潜力，努力促进体育产业高质量发展，显得尤为必要。

一、GM（1，1）模型建模过程

GM（1，1）模型是对原始序列进行一次累加生成，使灰色过程由灰变白，从凌乱的原始数据中探求蕴含的规律[3]，找出灰量积累过程中的发展趋势。其具体步骤如下：

设原始序列 $X(t)=\{x(1),x(2),\cdots x(n)\}$，一次累加生成序列 $Y(t)=\sum_{i=1}^{t}x(i)$

---

[1] 李荣日,杨腕舒,刘宁宁,高文浩,杨剑.体育产业演化研究：显著特征与发展预测[J].沈阳体育学院学报,2018,37（03）：6—14.

[2] 王正新.含可变参数的缓冲算子与 GM（1，1）幂模型研究[D].南京：南京航空航天大学经济与管理学院,2010：14—15.

[3] 邓琪,王琪,黄启飞.GM（1,1）在工业固体废物产生量预测中的应用[J].环境科学技术,2012,35（06）：180—183.

$t=1,2,\cdots n$ （1），对序列 $Y(t)$ 做紧邻均值生成，得序列 $Z(t)=0.5\times[Y(t)+Y(t-1)]$ $t=2,3,\cdots n$ （2），建立关于 $Y(t)$ 的一阶线性微分方程：$\dfrac{dY(t)}{dt}+aY(t)=b$ （3），即为 GM（1,1）模型的白化微分方程。求解白化微分方程，得 GM（1,1）模型的时间相应函数[①]：解该变量分离型微分方程得其特解为[②]：$\hat{Y}(t)=\left[x(1)-\dfrac{b}{a}\right]e^{-a(t-1)}+\dfrac{b}{a}$ （4），式中 a、b 为待定系数，根据最小二乘法估计参数向量，其表达式为：

$$a=\dfrac{1}{D}\left\{(n-1)\left[-\sum_{t=2}^{n}X(t)Z(t)+\sum_{t=2}^{n}Z(t)\sum_{t=2}^{n}X(t)\right]\right\} \quad (5)$$

$$b=\dfrac{1}{D}\left\{\left[\sum_{t=2}^{n}Z(t)\right]\left[-\sum_{t=2}^{n}X(t)Z(t)\right]+\sum_{t=2}^{n}X(t)\sum_{t=2}^{n}Z^{2}(t)\right\} \quad (6)$$

$$D=(n-1)\sum_{t=2}^{n}Z^{2}(t)-\left[\sum_{t=2}^{n}Z(t)\right]^{2} \quad (7)$$

对所得估计值 $\hat{Y}(t)$ 序列做一阶累减还原，得原始数据的最终模拟、预测值 $\hat{X}(t)$ 序列 $\hat{X}(t)=\hat{Y}(t)-\hat{Y}(t-1)$ （8）

用平均相对误差、后验差比值和小误差概率对建立的 GM（1,1）模型进行拟合效果检验。

平均相对误差：$\Delta=\dfrac{1}{n-1}\sum\left[\dfrac{|\varepsilon(t)|}{X(t)}\right]$ $t=2,3,\cdots n$ （9）

残差 $\varepsilon(t)=X(t)-\hat{X}(t)$ $t=2,3,\cdots n$ （10）

后验差比值 $C=\dfrac{S_2}{S_1}$ （11）

[①] 党耀国，王正新，钱吴永，等. 灰色预测技术方法[M]. 北京：科学出版社，2014：14.

[②] 邵珠艳，王春梅，魏曼莎. 灰色 GM（1,1）预测模型在疾病预测中的应用[J]. 中国医院统计，2003，10（03）：146—148.

小误差概率 $P = \{|\varepsilon(t) - \bar{\varepsilon}(t)| < 0.06745 S_1\}$ （12）

$$S_1^2 = \frac{1}{n}\sum_{t=1}^{n}[X(t) - \overline{X}(t)]^2 \qquad S_2^2 = \frac{1}{n-1}\sum_{t=2}^{n}[\varepsilon(t) - \bar{\varepsilon}(t)]^2$$

若模型拟合精度好，表明模型预测效果满意，可以根据（8）式进行外推预测；若拟合精度不符合要求，可用残差序列建立GM（1，1）模型，对原来的模型进行修正，以提高精度，然后再进行外推预测。

二、体育产业GM（1，1）模型预测及预测精度检验

我国的体育产业增加值（2006—2017年）和体育产业总规模（2011—2017年）数据（见表2-1），表现出单调递增的特点[①]，适于运用GM（1，1）模型对其进行建模模拟。因此，建立体育产业增加值和体育产业总规模的GM（1，1）模型，并对我国体育产业增加值和总规模预测模型进行效果检验和外推预测，以预测我国体育产业的发展趋势，分析体育产业发展规律，检验我国体育产业发展目标能否顺利实现，有利于体育产业发展规划的制订，助推我国体育产业的转型升级和持续健康发展。

表2-1 中国体育产业发展（2006—2017年）数据

年份	2006	2007	2008	2009	2010	2011
体育产业增加值（亿元）	982.89	1265.23	1554.97	1835.93	2220.12	2689.06
体育产业总规模（亿元）	—	—	—	—	—	4400.00
年份	2012	2013	2014	2015	2016	2017
体育产业增加值（亿元）	3135.95	3563.69	4040.98	5494.40	6474.80	7811.40
体育产业总规模（亿元）	9500.00	10913.13	13574.71	17107.00	19011.3	21987.70

数据来源：国家统计局和国家体育总局官网公布的统计资料

---

① 时乐乐，赵军. 基于GM（1，1）模型的新疆保险业"十二五"发展预测［J］. 经济数学，2012，29（01）：106—110.

(一)体育产业增加值 GM(1,1)模型的建立

以 2006—2017 年的我国体育产业增加值数据为原始序列 $X(t)$。

1. 对序列 $X(t)$ 作 1-AGO 生成和紧邻均值生成

原始序列 $X(t) = \{x(1), x(2), \cdots x(n)\} = $（982.89，1265.23，…，7811.40）对 $X(t)$ 作 1-AGO 生成序列 $Y(t) = $（982.89，2248.12，…，41069.42），对 $Y(t)$ 作紧邻均值生成序列 $Z(t) = $（1615.51，3025.61，…37163.72）（见表 2-2）。

表 2-2 中国体育产业增加值 $X(t)$ 及 $Y(t)$、$Z(t)$ 序列

年份	t	X(t)（亿元）	Y(t)	Z(t)	$Z^2(t)$	Z(t)X(t)
2006	1	982.89	982.89			
2007	2	1265.23	2248.12	1615.51	2609856.41	2043985.39
2008	3	1554.97	3803.09	3025.61	9154285.62	4704725.01
2009	4	1835.93	5639.02	4721.06	22288360.31	8667526.51
2010	5	2220.12	7859.14	6749.08	45550080.85	14983767.49
2011	6	2689.06	10548.20	9203.67	84707541.47	24749220.85
2012	7	3135.95	13684.15	12116.18	146801696.63	37995718.99
2013	8	3563.69	17247.84	15466.00	239197001.34	55116011.72
2014	9	4040.98	21288.82	19268.33	371268540.99	77862936.16
2015	10	5494.40	26783.22	24036.02	577730257.44	132063508.29
2016	11	6474.80	33258.02	30020.62	901237625.18	194377510.38
2017	12	7811.40	41069.42	37163.72	1381142084.24	290300682.41
Σ		40086.53	—	163385.78	3781687330.47	842865593.19

2. 计算 D 值和 $\hat{a}, \hat{b}$ 值

D=（12-1）×3781687330.47-163385.782=14903649162.84

$\hat{a}$=（1/14903649162.84）×［（12-1）×（-842865593.19）+ 163385.78×40086.53］=-0.18

$\hat{b}$=（1/14903649162.84）×［（163385.78×（-842865593.19）+（40086.53×3781687330.47）］=931.48

$$\frac{\hat{b}}{\hat{a}} = \frac{931.48}{-0.18} = 5100.19$$

3. 灰色预测模型

将数据代入公式（4），可得中国体育产业增加值灰色预测模型：

$$\hat{Y}(t) = (982.89 + 5100.19) \times e^{0.18(t-1)} - 5100.19 = 6083.08 \times e^{0.18(t-1)} - 5100.19$$

-a=0.18<0.3，适合进行中长期预测。

4. $Y(t)$ 和 $X(t)$ 的模拟值预测

依照预测模型计算预测值：$\hat{Y}(t)$ =（982.89, 2201.81, …, 40254.03），$\hat{X}(t) = \hat{Y}(t) - \hat{Y}(t-1)$ =（982.89, 1218.92, …, 7571.03），$\varepsilon(t)$ =（46.31, 91.81, …, 240.37），相对误差 Δ_k =（3.66%，5.90%，…3.08%）（见表2-3）。

5. 拟合效果检验

为了验证模型的预测效果，进行以下精度检验。

平均相对误差 Δ=0.28%，后验差比值 C=0.079<0.35，小概率误差 P=1>0.95，表明灰色序列的拟合优度好，可以用于外推预测[1]。

---

[1] 王洁，吴天魁，王波. 基于最小二乘法的 GM（1,1）模型在我国猪肉产量预测中的应用研究［J］. 经济数学，2016，33（04）：81—85.

表 2-3　中国体育产业增加值的灰色预测序列

年份	t	$\hat{Y}(t)$	$Y(t)$	$\hat{X}(t)$	$X(t)$	$\varepsilon(t)$	Δ_k
2006	1	982.89	982.89	982.89	982.89		
2007	2	2201.81	2248.12	1218.92	1265.23	46.31	3.66%
2008	3	3664.97	3803.09	1463.16	1554.97	91.81	5.90%
2009	4	5421.31	5639.02	1756.35	1835.93	79.58	4.33%
2010	5	7529.59	7859.14	2108.28	2220.12	111.84	5.04%
2011	6	10060.33	10548.20	2530.73	2689.06	158.33	5.89%
2012	7	13098.16	13684.15	3037.84	3135.95	98.11	3.13%
2013	8	16744.71	17247.84	3646.55	3563.69	−82.86	2.33%
2014	9	21121.96	21288.82	4377.24	4040.98	−336.26	8.32%
2015	10	26376.30	26783.22	5254.35	5494.40	240.05	4.37%
2016	11	32683.51	33258.02	6307.2	6474.80	167.6	2.59%
2017	12	40254.53	41069.42	7571.03	7811.40	240.37	3.08%

6. 外推预测

依据灰色预测模型和公式（8），得出 2018—2025 年我国体育产业增加值的预测值（见表 2-4）。

表 2-4　中国体育产业增加值的预测值

年份	t	$\hat{Y}(t)$	$\hat{X}(t)$
2018	13	49342.63	9088.10
2019	14	60251.79	10909.15
2020	15	73346.90	13095.11
2021	16	89065.98	15719.08
2022	17	107934.83	18868.85
2023	18	130584.58	22649.75
2024	19	157772.85	27188.27
2025	20	190409.05	32636.20

（二）体育产业总规模 GM（1，1）模型的建立

以 2011—2017 年的中国体育产业总规模数据为原始序列 $X(t)$。

1. 作 1-AGO 生成和紧邻均值生成（见表 2-5）

表 2-5　中国体育产业总规模 $X(t)$ 及 $Y(t)$、$Z(t)$ 序列

年份	t	$X(t)$	$Y(t)$	$Z(t)$	$Z2(t)$	$Z(t)X(t)$
2011	1	4400.00	4400.00			
2012	2	9500.00	13900.00	9150.00	83722500.00	86925000.00
2013	3	10913.13	24813.13	19356.57	374676608.60	211240710.20
2014	4	13574.71	38387.84	31600.49	998590652.24	428967419.73
2015	5	17107.00	55494.84	46941.34	2203489401.00	803025503.38
2016	6	19011.30	74506.14	65000.49	4225063700.24	1235743815.54
2017	7	21987.70	96493.84	85499.99	7310248290.00	1879948130.12
Σ		92093.84	—	257548.87	15195791152.07	4645850578.97

2. 计算 D 值和 $\hat{a}, \hat{b}$ 值

D=（7–1）× 15195791152.07–257548.87²=24843326474.14

$\hat{a}$ =（1/24843326474.14）×［（7–1）×（–4645850578.97）+
　　　257548.87 × 92093.84］=–0.17

$\hat{b}$ =（1/24843326474.14）×［257548.87 ×（–4645850578.97）+
　　　92093.84 × 15195791152.07］=8167.39

$$\frac{\hat{b}}{\hat{a}} = \frac{8167.39}{-0.17} = -48817.07$$

3. 灰色预测模型

中国体育产业总规模灰色预测模型：

$\hat{Y}(t)$=（4400+48817.07）× $e^{0.18(t-1)}$ –48817.07=53217.07 × $e^{0.18(t-1)}$ –48817.07

4. $Y(t)$ 和 $X(t)$ 的模拟值预测（见表 2-6）

表 2-6 中国体育产业总规模的灰色预测序列

年份	t	$\hat{Y}(t)$	$Y(t)$	$\hat{X}(t)$	$X(t)$	$\varepsilon(t)$	Δ_k
2011	1	4400.00	4400.00	4400	4400.00		
2012	2	14091.68	13900.00	9691.68	9500.00	−191.68	2.02%
2013	3	25548.37	24813.13	11456.69	10913.13	−543.56	4.98%
2014	4	39091.51	38387.84	13543.14	13574.71	31.57	0.23%
2015	5	55101.07	55494.84	16009.56	17107.00	1097.44	6.42%
2016	6	74026.23	74506.14	18925.16	19011.30	86.14	0.45%
2017	7	96397.96	96493.84	22371.73	21987.7	−384.03	1.75%

5. 拟合效果检验

经检验，$\Delta=2.64\%$，C=0.095，P=1，因此，预测精度好，适宜用于外推预测。

6. 外推预测（见表 2-7）

表 2-7 中国体育产业总规模的预测值

年份	t	$\hat{Y}(t)$	$\hat{X}(t)$
2018	8	122843.94	26445.98
2019	9	154106.16	31262.22
2020	10	191061.73	36955.57
2021	11	234747.50	43685.77
2022	12	286389.15	51641.65
2023	13	347435.57	61046.42
2024	14	419599.52	72163.95
2025	15	504905.68	85306.16

三、结论

利用 GM（1,1）模型，对体育产业增加值和总规模的预测，并将预测数据和同期统计数据相比较，表明灰色预测模型的预测质量较高，能客观、准确地反映未来一定时期内我国体育产业发展的趋势和特点。

我国体育产业正处于高速发展期，2017 年我国体育产业增加值是 2006 年的 7.95 倍，发展迅猛，但却只占同期 GDP（国内生产总值）的 0.94%，而在 2016 年，美国的体育产业增加值占 GDP 的 2.9%，韩国是 3.0%，德国是 2.0%[1]，表明我国体育产业对国民经济的贡献率仍然较低，体育产业存在较大的增长空间，发展潜力巨大。

我国经济新常态是以工业化为核心的现代化进程中的特定阶段，服务业将逐渐成为拉动经济增长的主要力量[2]。2015 年体育制造业的总规模和增加值最大，分别占国家体育产业总规模和增加值的 65.7% 和 50.2%，体育服务业总规模和增加值分别占国家体育产业总规模和增加值的 33.4% 和 49.2%。2017 年体育服务业总规模和增加值逐步上升，分别占国家体育产业总规模和增加值的 36.5% 和 56.9%，和 2015 年相比，分别上升了 3.1 和 7.7 个百分点，体育服务业增加值占比首次突破 50%。而体育制造业总规模和增加值则分别下降了 4.3 和 8.4 个百分点，说明我国体育产业正在从体育制造业为主向以体育服务业为主转变，但在一定时期内，也不可忽视体育制造业对经济的拉动作用，要注重引导体育制造业的转型升级，把发展的立足点转移到提高质量和效益上来。随着体育产业的进一步发展，体育产业规模将不断扩大，作为核心产业

---

[1] 中国产业信息. 中国体育产业发展情况分析[EB/OL].（2018-09-26）.http://www.chyxx.com/industry/201801/603685.html.

[2] 王小广. 新常态下我国 2015 年经济形势展望和政策建议[J]. 国家行政学院学报，2014，（06）：75—80.

的体育服务业的比重将会继续增加，体育产业对国民经济的贡献势必也会越来越大，进而实现体育消费的升级和体育产业数量和质量的双重高速增长。在体育产业规模提升的过程中，要注重体育产业质量的提升，不断优化体育产业结构。以推进体育供给侧结构性改革为重点，加快发展体育产业。提高产品供给能力，放宽准入，向社会和市场释放更多体育资源，激发民间资本投资体育的活力，实施"体育+"行动，促进体育与相关行业融合发展，打造现代产业体系，创新体育产业发展之路，积极推进体育与相关行业的融合发展。

第三章　体育非物质文化遗产与旅游融合发展

文化是旅游的灵魂，旅游是文化的载体，文化和旅游密不可分。文化和旅游融合既是强强联合，又是相辅相成。体育非物质文化遗产作为一种特殊的文化资源，不仅承载着中华民族的文化记忆，还是民俗习惯和民族精神的缩影，具有十分重要的价值。体育非物质文化遗产的多样性与差异性，是传统文化多样性的一个表现，旅游是实现人们对各地多姿多彩的、多样性体育文化追求的一种方式和手段，是促进体育非物质文化遗产活起来的一项举措，可以满足人们对传统体育文化的认同、提高消费体验。因此，要加大对体育非物质文化遗产的挖掘与整理，关注传承技艺的实践水平和文化价值内涵，使体育非物质文化遗产既能融入日常生活，也能为旅游提供更加优质、更富吸引力的灵魂载体，充分发挥旅游的特有优势，推动体育非物质文化遗产与旅游的交流互鉴，为两者的融合发展提供强大的新生动力。

第一节　体育非物质文化遗产与旅游融合发展的机制

体育非物质文化遗产与旅游融合发展有利于产业边缘地带派生出新型体育非物质文化遗产旅游产品及服务，从而更有效地满足人们对体育非物质文化遗产旅游的需求。体育非物质文化遗产与旅游融合发展主要受动力机制、创新机制、运行机制和保障机制的共同作用。其中，动力机制是产业融合的内在基础，创新机制是产业融合的重要核心，运行机制是产业融合的主要路径，保障机制是产业融合的关键支撑[①]。因此，坚持以文化为灵魂、以旅游为载体，对政府、体育非物质文化遗产旅游市场、旅游产业结构优化、体育非物质文化遗产旅游环境等进行分析，走集聚发展之路，以焕发出强大的体育非物质文化遗产旅游市场生命力。

一、强化政府引导，突出规划引领

各级政府通过制定相关产业政策和发展规划，推进体育非遗法制建设、健全体育非遗保护传承体系、提升体育非遗保护传承水平、促进体育非遗融入国家重大战略以及加大体育非遗传播普及力度[②]，引领体育非物质文化遗产与旅游产业的融合发展。国务院印发的《"十四五"旅游业发展规划》中强调，要加强非物质文化遗产的保护利用，结合体育运动，在体育旅游设施、体育旅游服务中增加体育非遗文化元素，突出地方文化特色，培育体育旅游度假区[③]。例如，广西壮族自治区是一个多民族聚居区，文化底蕴深厚，孕育了绚丽多彩的体育非物质文化遗产。2021年6月，广西壮族自治区文化和旅游厅着力开展"壮族三月三八桂嘉年华"系列活动，"民族体育炫"作为系列活动之一，结合体育非物质文化遗产资源文化承载力和旅游成熟度，有针对性地开发一些体育非物质文化遗产项目，组织形式各异的体育非物质文化遗产活动，开展花炮、珍珠球、陀螺、独竹漂、投绣球、舞狮等各类民族传统体育比赛，

---

① 张和平.体育产业与旅游业融合发展机制研究［J］.南京体育学院学报，2021，20（03）：27—37.

② 文旅部.推动非遗与旅游融合发展　为旅游业注入文化内容［EB/OL］.（2021-12-31）.https://baijiahao.baidu.com/s?id=1720622799709855379&wfr=spider&for=pc.

③ 国务院关于印发"十四五"旅游业发展规划的通知［J］.中华人民共和国国务院公报，2022（05）：28—46.

扩大了少数民族体育非物质文化遗产活动品牌影响力，凸显了传统体育文化魅力，彰显了广西体育文化的民族性、时代性与开放性，成为集民族文化、生态体育、风情旅游、特色消费等于一体，各族群众"大聚会、大联欢、大团结、大发展"的盛大嘉年华[①]。因此，各级政府掌控好大众文化旅游消费的新趋势，合理利用和传播体育非物质文化遗产，为四面八方游客提供更具体育魅力、文化质感和旅游体验的项目，充分展现体育非物质文化遗产与旅游融合之美。

二、开发体育非遗旅游市场

随着我国经济的发展和人民生活水平的逐步提高，居民物质消费得到了极大满足，开始倾向于精神型消费和享乐型消费。但随着国内旅游市场的逐渐成熟和饱和，旅游服务质量不高和市场恶性竞争等问题不断凸显，这与当前经济社会环境以及人民日益增长的美好生活需求不相适应。旅游产业延伸产品的利润空间日趋收窄，呈现不断下降的趋势[②]，旅游市场前景不佳，面临转型、探寻新的旅游发展路径的局面。体育非物质文化遗产的文化内涵是旅游产品开发的精髓，是旅游开发的优质乡土资源，旅游是传承发展体育非物质文化遗产的主要途径之一，将体育非遗文化元素融入旅游场景，结合消费者"自下而上"的需求，推动体育非物质文化遗产与旅游相互融合渗透和向纵深发展，能够为旅游产业注入更富吸引力的文化内容，增强旅游产业发展的文化内涵，提高体育非物质文化遗产的可见度和影响力，为消费者提供更好的体育旅游产品是体育旅游市场可持续发展的根本动力。创新体育非物质文化遗产旅游

---

① 广西壮族自治区文化和旅游厅关于自治区十三届人大四次会议第 2021043 号代表建议的答复［EB/OL］.（2021-0-22）.http://wlt.gxzf.gov.cn/zwgk/jytajg/t9263465.shtml.
② 方永恒，周家羽.体育旅游产业与文化创意产业融合发展模式研究［J］.体育文化导刊，2018（02）：93—98.

的服务内容，优化体育非物质文化遗产旅游的服务形式，给旅游产业发展注入新动能，拓宽体育非物质文化遗产旅游市场，延伸游客旅游时长，提升旅游服务水平，激活体育非物质文化遗产旅游市场活力。

三、优化旅游产业结构

旅游产业结构的不断优化与升级，是促使旅游产业经济优化、功能创新、效益提升和技术进步的过程。推动体育非物质文化遗产的有效保护和转化，使之成为旅游产业发展的特色资源，提高体育非物质文化遗产旅游的体验质量。由于体育非物质文化遗产和旅游产业均属于第三产业，因此，它们的融合发展，不仅提升了第三产业在国民经济中的比重，而且带动了设施、设备、物资等上下游关联产业、配套产业的发展，推动多元功能的实现和生态效益的提升[①]。

四、改善体育非物质文化遗产旅游环境

环境在旅游业的发展过程中发挥着极其重要的作用，环境促进并约束着旅游业的发展。体育非物质文化遗产与旅游融合发展，也需要良好的自然资源环境和社会资源环境，因此，强化对自然环境的保护，营造自由宽松的社会环境，积极推动绿色生态的非物质文化遗产旅游产业的发展。城市的人文精神对体育非物质文化遗产与旅游融合发展具有极为重要的影响，例如，一些旅游景区营造了全要素的非物质文化遗产环境，将非物质文化遗产渗透在"食住行游购娱"的旅游全要素之中，让人们感受到非物质文化遗产和体验到非物质文化遗产，同时提供符合游客品位的非物质文化遗产精品。

---

① 尧燕.体育与旅游结合的机理分析[J].成都体育学院学报，2002（03）：25—28.

第二节　生态文明视域下体育非物质文化遗产"水族舞"旅游开发[①]

"十三五"时期，以习近平新时代中国特色社会主义思想为指导，把生态文明建设纳入了中国特色社会主义事业"五位一体"总体布局，开展了一系列根本性、开创性、长远性工作[②]，出台了一系列重大决策部署。随着社会经济的快速发展和科技的进步，人们的物质生活水平有了显著提高，人们的精神文化需求日益增长，绿色旅游发展趋势日益凸显，体育非物质文化遗产旅游的生态性特征受到普遍关注。体育非物质文化遗产旅游开发是生态文明建设的重要内容，有助于增强人们的体育非物质文化遗产保护意识，传承、弘扬中华优秀传统体育文化，营造体育非物质文化遗产生态保护的良好社会氛围。

文化是体育非物质文化遗产旅游资源的内涵，是民俗体育旅游业的重要依托。当人们在物质消费得到一定程度的满足后，对精神文化消费需求日益多样化，促使体育非物质文化遗产旅游业迅速崛起，在旅游业中的重要性逐渐被人们所认识，对传承民族文化起着至关重要的作用。体育非物质文化遗产蕴含着中华民族特有的精神价值、思维方式和想象力，体现着中华民族的生命力和创造力，是民族智慧的结晶，也是全人类文明的瑰宝。"水族舞"作为日照市非物质文化遗产中的一朵奇葩，历史文化悠久，文化底蕴深厚，是鲁东南沿海一带古老的民俗体育艺术文化，是东夷文化延续和传承的重要载体，是在漫长的历史发展中创造

[①] 林宇，周慧，胡倩. 生态文明视域下非物质文化遗产"水族舞"旅游开发[J]. 开发研究，2021（04）：130—136.

[②] 全国干部培训教材编审指导委员会. 推进生态文明建设美丽中国[M]. 北京：人民出版社，2019：3.

和积淀下来的一种地域民俗文化、海洋体育文化。"水族舞"表演形式以展现众多水族形象和动作为主，其表演动作类似"高跷"和"秧歌"，是一项传统的艺术表演形式，其造型多是模仿鱼、龟、虾、蟹等水族动物的各种形状，展现海洋生物栩栩如生、灵活多样的动作，表演形式可分为集体即兴表演和带有剧情表演，与沿海渔民经济生活、宗教仪式和风俗习惯息息相关，在中华文明中占有重要地位。

一、研究动态

严重环境污染事件最早发生于西方发达国家，因此环境主义运动和生态主义思想也最早产生于西方发达国家，但国外学者对生态文明的研究相对较少，1995 年，莫里森提出"生态文明"这一理念。国内一些学者对生态文明的界定存在许多争议。2001 年，廖福霖在《生态文明建设理论与实践》中将生态文明定义为人类在物质生产和精神生产中充分发挥人的主观能动性，按照自然生态系统和社会生态系统运转的客观规律建立起来的人与自然、人与社会的良性运行机制、协调发展的社会文明形式[①]。

生态文明是人类文明在工业文明后步入的新阶段，在生态文明阶段，人类社会的发展更加注重人与自然的和谐关系，以实现人类社会发展和自然保护为基本目标，从而构建更加美好的生态环境，并取得物质、精神等方面的共同进步。党的十八大以来，国家把生态文明建设和生态环境保护工作提升到前所未有的战略高度，对生态发展的相关实践研究迅速增多，在一定程度上取得了较快发展，进一步扩大了国内生态文明的相关理论研究成果。生态文明理念是在可持续发展理论基础上发展起来的，它的本质特征是把现代经济引入良性的生态循环和经济循环的轨道

---

① 廖福霖.生态文明建设理论与实践［M］.北京：中国林业出版社，2001：26.

上来，以实现生态与经济的可持续发展。生态文明重视生态文明发展的"活态性"与社会发展的"生态环境平衡"，强调生态文明在产生、发展、传承、交流过程中与周围环境形成的良性动态互动，促进系统继承、融合和变异的演化性可能。

二、生态文明与体育非物质文化遗产旅游开发的关联性

生态文明是较为全面、和谐的人类社会文明，是反映社会文明状态的重要依据。体育非物质文化遗产是文化遗产的重要组成部分，是一种重要的旅游资源，在现代旅游业中占有重要地位，对社会、经济和文化产生了诸多影响。

（一）生态文明与体育非物质文化遗产旅游的内涵

生态文明是人类遵循人、自然、社会和谐发展这一客观规律而取得的物质与精神成果的总和，是以人与自然、人与人、人与社会和谐共生、良性循环、全面发展、持续繁荣为基本宗旨的文化伦理形态[1]。生态文明主张将生态发展所涉及的诸多要素视作一个有机整体，从而开展具体保护和开发活动。体育非物质文化遗产是人类在与自然环境相处的过程中积累传承下来的生活智慧和文化人格，体育非物质文化遗产旅游是将"体育非物质文化遗产看作贵重的、有价值的旅游文化资源进行合理开发与利用，充分发挥体育非物质文化遗产的价值，作为具有代表性的地域特色和文化内涵的民俗体育旅游吸引物和民俗体育旅游产品，吸引众多游客前来参加的一种民俗体育旅游活动"。生态文明作为先进的建设理念，必将影响体育非物质文化遗产的传承与发展，对体育非物质文化遗产的保护和适度开发是生态发展的内在要求。因此，体育非物质文化遗产旅游作为传统民俗与文化的统一体，既要强调体育非物质文化遗产旅

---

[1] 张华丽.生态文明概念的历史考察与发展趋向探讨［J］.中共天津市委党校学报，2018（4）：59—61.

游的生命力，又要加强体育非遗文化生态资源挖掘工作；作为一种新型旅游业态，是旅游产业与体育非物质文化遗产相融合的产物，既要规范旅游市场、传播文明风尚，又要倡导生态文明，摈弃急功近利，坚持体育非物质文化遗产绿色发展，打造精品旅游"黄金带"，在"独"字上做文章，在"特"字上下功夫，既有助于体育增强游客旅游体验，让游客乘兴而来满意而归，又有助于体育非物质文化遗产的生态保护与活态传承。

（二）生态文明与体育非物质文化遗产旅游开发关系

体育非物质文化遗产是一种重要的民俗体育旅游资源和民俗体育旅游产品，一些传统民俗活动、节庆活动等都对游客有较强的吸引力，特别是体育非物质文化遗产所承载的民族精神、文化内涵和鲜明的地域特色是民俗体育旅游主要的吸引物。由于体育非物质文化遗产存在的生态环境以及其活态传承的特殊性，使得体育非物质文化遗产旅游具有保护传承和满足人们旅游需求的双重作用，把体育非物质文化遗产作为一种特殊的民俗体育旅游资源，透出厚重的民俗体育文化底蕴，代表了一个地域的优秀传统体育文化。

旅游消费持续升温，日渐成为人们生活的一部分，如何提升旅游市场核心竞争力，满足人们对美好生活的向往，生态文明建设是关键。生态文明与体育非物质文化遗产旅游结合了生态环境特点，遵循体育非物质文化遗产活态流变性规律，运用系统观点、理论和方法，对体育非物质文化遗产进行合理开发，在限定条件下，遵循生态环境发展规律，实现体育非物质文化遗产资源的保护与开发。生态文明与体育非物质文化遗产旅游开发具有内在的同一性和高度的契合度，应将二者更好地结合起来，相互合作，相辅相成，共同推进我国体育非物质文化遗产旅游业繁荣发展。当前，人们对体育非物质文化遗产生态保护意识略显薄弱，在体育非物质文化遗产旅游发展中所付出的资源、环境代价过大，生态退化、环境污染加重，民生问题以及道德文化领域里的消极现象凸显等，体育非物质文化遗产赖以生存的生态环境一旦遭到破坏，也就切断了历史文化的传承延续，破坏了生态平衡，生态文明多样性迅速消失，一些体育非物质文化遗产和生态资源将面临短缺[①]。体育非物质文化遗产旅游开发对生态环境的破坏，若能被政府及时发现，并采取得当措施，有可能在较短时期内得到有效治理，但是大多数需要长期的治理恢复。因此，政府要加大对体育非物质文化遗产生态环境的保护力度，加强对体育非物质文化遗产生态环境的保护宣传活动，加深人们对体育非物质文化遗产生态环境的理性认识和科学把握，提高人们对体育非物质文化遗产生态环境的法律保护意识。

（三）体育非物质文化遗产保护与旅游开发关系

随着人们对民俗体育旅游资源的需求程度与日俱增，旅游业在对体育非物质文化遗产的保护与开发中形成了两种基本观点：一是对体育非物质文化遗产进行大规模的开发以及小规模的保护，二是对体育非物质文化遗产进行小规模的开发以及大规模的保护。习近平总书记高度重视非物质文化遗产保护工作，从留住文化根脉、守住民族之魂的战略高度做出一系列重要指示，为我国体育非物质文化遗产保护与传承工作提供了根本遵循。体育非物质文化遗产保护与旅游开发并不是两种水火不容的事物，旅游开发其实是带有保护性的开发，保护也可以是带有旅游性的保护，由体育非物质文化遗产、生态环境和人所构成的生态发展，将体育非物质文化遗产、自然环境和人文环境融合，以生态文明为核心，强调生态与环境的和谐发展，进而实现对地域体育非物质文化遗产资源的开发、保护与传承，使开发与保护相互弥补、同时进行，以便达到效益的最大化。

[①] 陈华文.原生态文化与非物质文化遗产保护［J］.山东社会科学，2010（9）：24—26.

三、"水族舞"旅游开发的 SWOT（态势）分析

人们普遍认为大海具有一种神秘力量，对大海产生惧怕以及对超自然力量的渴盼，是孕育渔民崇信并隆重祭祀海神的重要原因。日照以"日出初光先照"得名，是鲁东南滨海著名的历史文化名城，山海风光秀丽，海洋民俗文化资源众多，境内独特的生态环境孕育了丰富多彩的非物质文化遗产。到了元代，日照渔民简朴的祭祀活动逐渐发展形成一种独具特色的舞蹈———"水族舞"，并迅速在日照沿海一带的村镇得到广泛流传，后来逐步发展成为当地居民在春节、元宵节、祭海节、开海典礼等民俗节日进行的一种舞蹈表演，2008 年，被列入日照市非物质文化遗产名录。日照"水族舞"距今已有 600 多年的历史，文化底蕴深厚，它是鲁东南沿海一带的民间传统和海洋民俗祭祀表演活动，是渔民祭海、捕捞等独具地域特色的渔家生产生活习俗，它表达了渔民对大海的浓厚情感和敬畏之心。

近年来，日照市政府高度重视生态环境建设，大力实施生态优先发展战略和深入推动"旅游富市"战略，以旅游目的地建设为核心，围绕山东省"仙境海岸"区域旅游品牌，突出区域特色，全面提升"阳光海岸"品牌影响力、竞争力，全力推动全域旅游发展[1]。大青山太极文化、莒县查拳文化等系列民俗体育文化旅游全方位开展，日照市全域旅游示范区创建深入推进。"水族舞"在旅游开发的过程中，既面临外在机遇，同时也面临发展瓶颈，如何判断并抓住外在机遇、充分认识并利用自身优势、了解并克服自身不足，是"水族舞"旅游可持续发展的关键。

---

[1] 中共日照市委日照市人民政府.日照发布"旅游富市"战略行动计划（2017—2020 年）［EB/OL］.（2017-06-03）.http://www.sohu.com/a/145707366_759075.

（一）"水族舞"旅游开发的优势

1. 政策激励扶持

近年来，日照市政府坚持走"生态优先、绿色发展"之路[①]，高度重视生态旅游业发展，进一步优化环境，不断提升城市发展品位，促进旅游业快速发展，相继出台了一系列政策措施。2012年，日照市荣获"中国最具有生态竞争力城市"称号。中共日照市委关于日照"十三五"规划的建议，把生态旅游业发展摆到更加突出的位置，大力发展全域旅游，推动旅游空间全域化、旅游产业融合化、旅游产品品牌化、旅游设施标准化、旅游服务精细化、旅游环境友好化，进一步打造日照海洋民俗地域特色文化品牌，积极开发历史文化资源，大力保护非物质文化遗产[②]，促进全市生态旅游业健康可持续发展。

2. 地理地貌和区位优越

日照市作为山东半岛"仙境海岸"4个主体城市之一，是一座新兴的旅游城市，以"蓝天、碧海、金沙滩"闻名于世，资源优势得天独厚，生态环境良好，是我国东部沿海不可多得的避暑度假胜地。境内地貌类型多样，有平原、山丘、水域、湿地、海洋等丰富多样的自然景观，山川秀丽，气候宜人，资源丰富，享有"东方太阳城"的美誉。日照位于山东半岛东南部黄海之滨，北面连接青岛市和潍坊市，西面依靠沂蒙山区，南面与江苏省连云港市接壤，是新亚欧大陆桥东方"桥头堡"，地理位置十分优越，海陆空交通便捷。

3. 历史文化底蕴深厚

文化是积淀着一个民族最深层次的精神追求和行为准则。日照是一座历史文化底蕴深厚、富有内涵的灵秀城市。据《日照市志》记载，早

---

① 重庆市璧山区环境保护局. 璧山区坚持生态优先、绿色发展成功创建"国家生态文明建设示范区"[J]. 环境保护，2018（1）：76—78.

② 日照市政府. 中共日照市委关于日照"十三五"规划的建议[EB/OL].（2015-12-24）. http://www.dzwww.com/shandong/sdxwjxs/rz_132269/201512/t20151224_13561591_9.htm.

在4000年前，日照沿海居民就已经从事渔业生产活动[①]，随着人类社会的不断进步，人们逐渐认识海洋、保护海洋。涛雒镇是一个历史文化名镇，人杰地灵，历史文化渊源悠久，据专家论证，涛雒文化是东夷文化和太阳文化的源头，也是龙山文化的重要组成部分，形成了以海洋文化为显著特色的民俗历史文化，为建设海洋生态特色滨海文化名城提供了文化支撑。大海是沿海地区渔民赖以生存的源泉，祭海仪式是渔民历年来的一种习俗。"水族舞"作为渔民在出海前和归海后所举行的一种民俗祭祀活动，是对海上诸神的一种敬畏和信仰。民俗祭祀活动内容丰富，尤其是参加祭拜活动的人群之多，影响之广，在渔家众多习俗中独树一帜，是具有地域代表性的民间民俗活动。

4. "水族舞"的独特魅力

随着我国海洋民俗旅游业的不断发展，日照市政府积极开发海洋民俗文化，大力发展海洋民俗文化旅游业，将"水族舞"艺术根植于日照国际海洋城内，打造出一台地域特色浓郁的，以赶海园为背景，以盛传于鲁东南的"水族舞"为主题旋律的《水漫金山》剧目，得到社会各界的广泛关注，这种特色独具的民间民俗艺术成为日照市大型文艺展演活动中不可缺少的节目。日照历史文化悠久，文化底蕴丰富，具有浓郁的地方风土人情，不仅积淀了深厚的历史文化内涵，而且还体现了日照沿海地域的人文精神，是渔民互相认同、互相帮助的重要体现，充分展现了民族自尊心和自豪感，它以顽强的生命力维持地域优秀民俗传统文化，传承水族技艺，是一种重要的精神力量。对"水族舞"的旅游开发，既可增强旅游过程中身体体验的愉悦感，提升对游客的吸引力，又可丰富其文化生活、发展地方经济，弘扬民族文化。

---

① 日照市地方志编纂委员会.日照市志[Z].济南：齐鲁书社，1994：296.

（二）"水族舞"旅游开发的劣势

1."水族舞"日渐消失

"水族舞"是山东海洋民俗文化独具地域特色的一种祭祀活动，是一种地方民俗表演形式，主要是依靠"口传身授"进行社会传承，至今没有形成一套固定的传承谱系。在对"水族舞"产品开发过程中，存在传统道具笨重单一、民俗表演形式过于枯燥、海洋文化底蕴展现肤浅、游客参与率低、体验式旅游效果相对较差，以及"水族舞"的创新能力不足等诸多问题。再加上沿海居民的生活方式有了较大改变，许多民间民俗项目不经意间被慢慢地淡化，曾经被人们喜爱的民俗艺术表演形式"水族舞"也面临这种境地，逐渐淡出人们的视野，处于后继无人，濒危状态。

2."水族舞"文化渗透不足

"水族舞"作为日照市非物质文化遗产典型代表，表演形式独特，是鲁东南沿海一带特有的一种表演形式，对于研究海洋音乐、民俗艺术和海洋体育文化具有极高价值。目前，对"水族舞"宣传力度不够、品牌效应不突出和民俗旅游市场占有率低，导致这项古老的海洋民俗表演活动知名度较低，没有形成内涵丰富又极具特色的民族文化品牌。同时，缺少走向大众化、规模化、市场化的运营模式，"水族舞"尚未真正发挥区域资源优势，致使大批游客甚至是沿海居民对"水族舞"的历史文化发展背景都不甚了解，游客大多是以看热闹的方式参与体验"水族舞"，阻碍了"水族舞"旅游的深度发展。

3."水族舞"传承人青黄不接

涛雒镇小海村表演"水族舞"的人较多，承载了几代人的坚守，但能够胜任"水族舞"制作与表演的人员较少，大多数"水族舞"传承人是土生土长的民间艺人，普遍年事已高，部分老艺人相继去世。随着人们生活水平的提高，外来文化的冲击和现代生活方式的改变，多数年轻人缺乏对"水族舞"民俗文化的认同感，不愿意接受和继承这项古老民俗传统活动，学习制作与传承"水族舞"的年轻人更是寥寥无几，大多以中老年人为主。"水族舞"在制作与传承中面临的主要问题是工作条件较差、演艺学习时间长、排练非常枯燥，并且没有一定的经济收入和社会保障，多数本地年轻人宁愿选择外出务工，也不愿留在家里创作与学习"水族舞"，就连先前的一些"水族舞"表演骨干也因为经济等问题纷纷转行，造成"水族舞"传承人青黄不接的现象越来越严重，"水族舞"的长远发展举步维艰。

（三）"水族舞"旅游开发的机会

1. 政府重视与支持

近年来，日照充分发挥民俗旅游资源丰富，"海、山、古、林、泉"兼备，生态旅游得天独厚的优势，坚持绿色发展理念，大力建设生态宜居城市。2016年3月，日照市委、市政府率先发出"旅游富市"强音，大力发展生态旅游业，新起点、高标准召开全市生态旅游发展大会，出台了《日照市委、市政府关于促进旅游业改革发展的意见》及一系列政策，明确提出要把旅游业发展摆到和工业发展同等重要的地位，给游客一个"非来日照不可"的理由[①]，充分彰显了地方政府对旅游业发展的坚定决心。

2. 市场需求日渐旺盛

旅游业的发展及对中国传统民族体育文化的重新认识与重视，使民俗体育旅游业迎来发展新机遇。依托地域文化的民俗体育旅游受到了游客的青睐，民俗体育旅游业呈现出新时尚，越来越多的游客从传统的观赏型旅游向参与型旅游过度。人们出于兴趣满足、情感共鸣的需求，以鉴赏异地民俗传统体育文化、追寻文化名人遗迹或参加民俗体育文化活动为目的的民俗体育旅游日益增多，民俗体育文化旅游焕发出勃勃生机。"水族舞"以其独特的海洋体育文化魅力，鲜明的地方民俗特色，借助

---

① 刘英. 日照：发展空间全景化、富有特色和竞争力的全域旅游［EB/OL］.（2016-03-09）. http://rzta.gov.cn/lyshow.asp?sty=dt&id=12839.

现代交通和信息技术的支持，提升服务水准和体验质量，满足人们日益增长的多元化与个性化精神文化需求。

（四）"水族舞"旅游开发面临的危机

1. 周边竞争激烈

受周边地区旅游开发带来的"形象遮蔽"效应的影响，"水族舞"旅游开发面临外部激烈的市场竞争。因此，要借鉴国内外诸多旅游发展成功的经验，结合日照海洋民俗文化，依据"水族舞"旅游资源的内涵和特点，进一步挖掘"水族舞"海洋民俗特色旅游，从休闲、度假、娱乐、养生和健身等方面为突破口，针对游客群体开发不同的"水族舞"民俗旅游产品，让"水族舞"活起来、传下去，不断创新"水族舞"民俗文化产品，提高"水族舞"旅游资源开发的竞争力。

2. 商业氛围过浓

在商业价值指挥棒的指引下，以能否创造经济价值为标准，容易形成唯利是图的价值取向，导致"水族舞"资源被过度开发、自身文化特色下降，必定对民俗旅游资源有所破坏，这不仅恶化了生态环境，也给民俗文化流失敲响了保护警钟。"水族舞"作为一种非物质文化遗产，它的文化价值是旅游开发的最大优势，因此，要兼顾经济效益和文化传承，避免打着"文化保护""旅游开发"的幌子，过度追求旅游带来的经济利益。而忽视了文化效益和社会效益，一味迎合市场和游客，使"水族舞"赖以生存的原生态环境遭到破坏，并进一步弱化甚至消解了"水族舞"的文化价值，影响了体育非物质文化遗产旅游业的健康发展。

四、"水族舞"旅游开发的路径

根据 SWOT 分析的建议，结合当前国内民俗旅游市场的发展趋势，科学制定日照市体育非遗旅游整体发展规划，严格按照国家旅游规划通则的基本要求，保证规划内容的完整性、科学性、前瞻性及可操作性[①]，制定出台非物质文化遗产"水族舞"旅游发展规划，结合该地域的自然资源和文化资源，深挖海洋民俗文化内涵，立足"滨海、水乡、古镇"，按照"古今融合、山海一体"格局，设定民俗旅游市场发展目标，这是未来"水族舞"旅游开发成功的关键因素。

（一）"水族舞"进景区

政府支持生态旅游优先发展、合理规划旅游景区，充分发挥政策扶持、环境营造、条件创造等方面的引导作用，每年拿出一定的资金扶持"水族舞"进景区发展，增加对游客的吸引力，加强"水族舞"旅游开发力度的同时，大力弘扬地域文化。善于利用"水族舞"造型奇特、制作逼真、色彩鲜艳，加之表演者众多，舞蹈动作逼真的特点，在国际海洋城打造以"水族舞"旅游特色项目为主，以展演"旱船、高跷、吕剧"为辅的海洋民俗节目，吸引四面八方的游客前来观赏与体验，实现对"水族舞"的创造性转化、创新性发展，使景区景点与"水族舞"文化协同发展，互惠共赢，使"水族舞"有活力、景区有魅力。

政府主打旅游景区的资源特色和旅游产品类型，将景区划分为多个旅游功能区，如生态型旅游区、文化型旅游区、创新型旅游区等，通过在文化型旅游区举办"水族舞"民俗展演活动，同时邀请一些"水族舞"传承人在景区亲临现场为游客提供讲解、演示和体验制作技术活动。在向游客提供"水族舞"产品的同时，也能感受游客对"水族舞"产品的兴趣，以提供更加丰富的海洋民俗体育旅游文化项目。

（二）整合区域优势资源

在经济全球化迅猛发展的时代背景下，海洋已经成为各国竞争的重要领域，大力发展与海洋文化相结合的海洋民俗体育旅游已然成为我国旅游业乃至新兴服务业发展的大势所趋。

2009年，中央电视台七套节目在《走进日照》专题中播出了"水族

---

① 中华人民共和国国家标准.GB/T 18971-2003, 旅游规划通则［S］.

舞";2011年,中央电视台科教频道在春节特别节目《品读城市——日照》中,对"水族舞"进行了详细报道。依托日照市区位优势,发展海洋城市,整合滨海、民俗文化、传统体育文化等旅游资源,深挖海洋民俗体育文化内涵,恢复"水族舞"本真面貌,展示鲁东南沿海区域民俗体育特色,营造浓厚的海洋民俗体育气氛。通过人与水族的联系,以描述爱情、伦理、谚语故事为题材,创作了《龙王献宝》《鹬蚌相争》《渔翁与蚌精》《哪吒闹海》等"水族舞"剧目,让"水族舞"旅游重新焕发生机。

借助现代数字化信息获取与处理技术,复原或改造传统道具,使之切实可用。通过海洋民俗旅游和传统民俗节庆活动,让大批的游客参与其中,亲身体验这项古老的海洋民俗表演活动,这是一种以追求心理愉悦体验为终极目标的旅游。

（三）建立传承人保护及传承机制

政府重视非物质文化遗产传承人的保护工作,传承人在非物质文化遗产中的重要性人所共知,"水族舞"的表演多是跑场、自由展示,动作以展示水族特点为主,至今没有固定的传承谱系。"水族舞"传承的主体是个人,传承人是体育非物质文化遗产保护与传承的主要对象。由于"水族舞"具有无形性特点,其保护和传承主要依靠传承人的"口传身授",因此保护传承人至关重要。

政府建立传承人保护及传承机制。成立"大师"工作室,为传承人集中授徒、技艺交流文化传播、研发创新提供条件。政府每年拿出一定的资金扶持传承人,使他们有地位、有尊严,专心致志搞传承,一心一意带徒弟,为"水族舞"传承提供帮助。传承人培养是非物质文化遗产传承的核心,在加强"水族舞"传承人培养的同时,还要重视宣传和针对性的政策,不断提高社会对传承人的价值认知,提高"水族舞"传承人的社会地位,以综合措施保障"水族舞"传承的持续性,建立"水族舞"传承人保护机制。

政府部门应该结合"水族舞"传承人的现状,不断完善相关的法律法规。借鉴国外非物质文化遗产传承人保护机制，明确传承人的社会价值和文化价值。对"水族舞"传承人实行保护和鼓励，给予传承人一定的生活补贴和资金支持，就可以调动其主观能动性，也能吸引到更多年轻人做"水族舞"传承人的学徒，也有效解决了传承人的断层问题。由此，政府要用发展的眼光，大力开发"水族舞"民俗旅游，这有利于推动地方经济的发展。

（四）持续拓展"水族舞"旅游市场开发

在政府主导下，由相关利益主体通力协作，依靠政府、媒体、网络和其他相关企业渠道宣传、推广品牌形象，加大"水族舞"旅游市场开发的宣传推介力度。一方面，借助《中华人民共和国非物质文化遗产法》颁布实施，增强全民的文化自觉和参与意识，让社会公众充分了解"水族舞"历史文化底蕴与文化内涵，积极发挥驻地高校人力资源优势、民间社会组织、社会团体等方面的力量。通过每年举办"演唱会""民间民俗艺术文化节"和编创"水族舞"情景剧场，把海洋民俗风情和海洋体育民俗文化注入其中，突出"水族舞"地域文化特色，扩大其知名度。另一方面，从理论层面对"水族舞"旅游开发进行探讨，感受其特点，正确看待"水族舞"保护与旅游开发二者间的对立统一关系，注重"水族舞"的唯一性、独特性、地域性和民族性特点，以保护为底线，围绕海洋地域特色来挖掘、提炼和表现，拓展"水族舞"开发的深度、广度和高度，推动民俗文化旅游项目的多元化，在发展民俗旅游业的同时，为"水族舞"旅游市场开发水平的提升打下了良好的基础，为创建特色鲜明的旅游形象和旅游品牌服务，以达到既能吸引游客，创造利润，又能传承文化，促进"水族舞"发展的目的。

五、结语

日照是一个历史文化悠久，文化底蕴深厚的滨海名城，要充分挖掘并合理利用"水族舞"的历史价值、文化价值和社会价值，展示日照悠久的历史和丰厚的文化积淀。从生态文明的角度来看，"水族舞"旅游开发应追求生态发展理念，从自然要素和人文要素入手，既要顾及自然生态环境的承载力，也要顾及社会环境的人文传承。"水族舞"是人类在生产劳动和社会实践中创造、积累的优秀传统文化精髓，是一种不可再生的文化资源。在旅游开发与生态保护之间要掌握好分寸，结合党的十九大提出的乡村振兴战略，找准定位挖掘"水族舞"文化内涵和地域特色，保持民俗文化旅游的原真性与生态的可持续发展，促进鲁东南沿海一带渔民生产生活、渔业文化、海洋体育文化与旅游的完美融合，提高人们对于"水族舞"传统文化价值的认知与理解，在潜移默化中自觉传承和发展"水族舞"。大力宣传这一区域渔民的生产生活以及敬老爱老等方面的传统优秀文化，培育和弘扬社会主义核心价值观。

第三节　基于体育非物质文化遗产保护的旅游产业开发[①]

2011年2月，在第十一届全国人民代表大会常务委员会第十九次会议上通过了《中华人民共和国非物质文化遗产法》，由此，非物质文化遗产引起了人们的更多关注。体育非物质文化遗产在历史中产生，在当代存活，并在将来得以延续，是我国各族人民长期以来创造积累的重要文化财富，是我国历史的见证和中华文化的重要载体，承载着一个国家、一个民族、一代代人共有的文化记忆。在人类社会的文明进程和生产生活实践中，体育非物质文化遗产赖以生存和发展的社会文化基础受到了动摇和削弱，面临严重的生存危机。山东是齐鲁文化的重要发祥地，有着5000多年的文明发展历程，在不同的历史发展时期，逐渐形成了多姿

---

① 周慧，林宇. 基于体育非物质文化遗产保护的旅游产业开发［J］. 开发研究，2020（02）：95—100.

多彩的体育非物质文化遗产。因此，根据山东省体育非物质文化遗产独特的资源优势，寻求适度合理地开发旅游产业，指导文化体育和旅游部门，科学与人性地开发体育非物质文化遗产，可以更好地保护、传承和弘扬体育非物质文化遗产的独特文化底蕴，保护文化的多样性，促进区域经济发展，产生良好的经济效益和社会效益，有利于提升文化软实力。

一、体育非物质文化遗产的特征

1989年，联合国教科文组织在法国巴黎正式通过了《保护传统文化和民俗的建议》，对"民间创作"（"民间传统文化"）进行了界定，这个界定与后来的联合国教科文组织文件中对于"非物质文化遗产"的界定基本一致，这是划时代性的文件，"民间创作"引起了世界上许多国家的密切关注，得到了全人类的重视。2001年，联合国教科文组织通过了《世界文化多样性宣言》，首次提出了"非物质文化遗产"一词，同年3月，在联合国31届成员国大会文件中，以"非物质文化遗产"替代了"民间创作"（"民间传统文化"）概念。2003年，联合国教科文组织第32届大会通过了《保护非物质文化遗产公约》，这是关于非物质文化遗产保护最重要的文件，非物质文化遗产是"指被各群体、团体、有时为个人视为其文化遗产的各种实践、表演、表现形式、知识和技能及其有关的工具、实物、工艺品和文化场所"[1]。体育非物质文化遗产是在漫长的历史中创造和积淀下来的传统体育文化资源，既有与体育活动相关的竞赛程序、器械制作，又有与各民族的社会特征、经济生活、宗教仪式、风俗习惯息息相关的传统文化现象，是一种"活态人文遗产"，是"在我国各民族中，被视为本民族文化的重要组成部分，并能够世代

---

[1] 王文章.非物质文化遗产概论[M].北京：教育科学出版社，2008：4—9.

相传至今的民俗体育活动，包括与之相关的器械和场所"①。体育非物质文化遗产主要呈现以下的特征。

（一）原生态性

原生态是指体育非物质文化遗产没有经过雕刻，存在于民间最原始，散发着浓郁的乡土气息的一种扮演形态，它是在天然状态下的一种民族传统体育文化，是我国各族群众在生产生活中创造的民族传统体育文化多样性的精神命脉，是一种"原汁原味"的文化，未受人为因素影响、凸显原始的、淳朴的、自由化的，具有根源性和丰富性的"生态文化"②。

（二）活态性

让非物质文化遗产活起来可以增进文化认同，坚定文化自信，凝聚发展力量。活态性是体育非物质文化遗产具有的特性，这种"活"实际上表现在活的灵魂，这种灵魂创生并传承着那个民族自身独特的民族精神和民族心理，集中展现为共同信念和遵循的核心价值观，是一种活态文化，随历史阶段的不同而不断演进。另外，还表现在这一传承过程中的变异与革新，不同的传承者对技术、技能的理解不尽相同，他们把技能内化为自己的东西，在传授的过程中体现出传承者的思想和价值观，并且在传承的过程中不断创新，传承者、享用者共同参与创造，展示出他们的创造性。

（三）民俗性

几千年的农耕文化孕育了博大精深的体育非物质文化遗产，农业生产具有较强的季节性，体育非物质文化遗产表演活动主要形成于农业生产节气、日常的生产生活实践、周期性祭祀祖先的民俗礼仪中，时常同一些宗教、祭拜、婚配、生产劳动等活动相结合。它主要从属于其他民

---

① 从密林，张晓义.体育非物质文化遗产概念及分类的诠释与重构：基于对达斡尔、鄂温克、鄂伦春族聚居区的田野考察［J］.沈阳体育学院学报 2018，37（2）：124.
② 杨敏，王勇.原生态"类体育"非物质文化遗产引入学校体育并活态传承研究［J］.改革与战略，2008（7）：130.

俗事象之中，为一些以宗教节日和祭祀仪式作为载体的民族传统体育活动提供了不变的时期和场合，促使传统体育萌芽由自发小型的形态上升为有组织的、规模较大的集体性活动，从而使民众易于接纳并传播，最终形成一种民俗体育活动和体育非物质文化遗产。

（四）群体性

群体性是一种集体意识上的文化认可，让更多的人感触民族传统文化的特有魅力。由于人类出于本身与族群之间所具有的血统关系和文化依附，都对自己的族群有一个特殊的认同感。体育非物质文化遗产的形成、发展、保护和传承的整个过程都与该社会群体息息相关，是社会群体集体智慧的结晶。体育非物质文化遗产的认同其实是一种生存方式的认可，共同的习俗、做事和文娱方式形成了共同的生活空间及方式。就体育非物质文化遗产活态传承而言，个别的个性化独创也只有加入群体传承中才能成为体育非物质文化遗产的有机构成。

（五）地域性

体育非物质文化遗产是在一定的地域与自然环境中产生的，与其所处地理位置和当地人民的风俗习惯有很大的关系。"一方水土养一方人"，不同地域差异造就了不同区域人民的性格特征、审美情趣、生活习惯等，体育非物质文化遗产与该地域独特的人文资源、宗教信仰、文化传统，以及日常人们的生产生活和习俗息息相关，代表了该地域典型的特色，具有自己独有的体育文化内涵，一旦体育非物质文化遗产离开了该地域，便失去了赖以生存的土壤和自然条件，也就谈不上保护、传承和发展。

二、山东省体育非物质文化遗产旅游产业开发的现状

（一）体育非物质文化遗产保护现状

随着山东省体育非物质文化遗产保护工程的全面开展，政府要切实

出台相关政策和法律法规，发挥体育非物质文化遗产传承人的领头作用，争取社会的广泛支持和调动广大民众的积极参与，多方齐心协力进行宣传与保护工作，深挖体育非物质文化遗产历史文化内涵与价值，尊重保护与开发并重的原则，将体育非物质文化遗产进行市场化运作，打造产业化的体育非物质文化旅游精品。

1. 政府出台相关法律法规

2011年6月，我国正式颁布了《中华人民共和国非物质文化遗产法》，2015年12月，山东省依据国家颁布的非物质文化遗产法制定和出台了《山东省非物质文化遗产条例》，在全省范围内开展非物质文化遗产资源普查工作，建立与完善非物质文化遗产保护等级名录，建立非物质文化遗产项目库，加强对非物质文化遗产保护的宣传、走访和调研等工作，进一步完善非物质文化遗产保护与传承机制，努力做好山东省非物质文化遗产保护试点工作。2018年，山东省财政厅和文化厅结合非物质文化遗产保护工作相关规定，颁布了《山东省省级非物质文化遗产保护资金管理办法》，预算非物质文化遗产专项资金，专款专用，对山东省非物质文化遗产进行资金支持和管理。

2. 建立代表性项目名录

山东省委、省政府十分重视非物质文化遗产的保护与传承工作，在全省各地开展非物质文化遗产代表性项目名录的普查工作，制订详细的工作方案，有计划、有组织地实施。目前，山东省共有国家级代表性名录项目186项，省级代表性名录697项，市级代表性名录2990项，县级代表性名录9369项，其中有国家级体育非物质文化遗产代表性名录18项，省级代表性名录80项等，形成了国家、省、市、县四级保护体系，在体育非物质文化遗产代表性项目的开发、挖掘、整理和保护上，开展了卓有成效的一系列工作。

3. 加强保护与宣传工作

近年来，在山东省委、省政府的正确领导下，山东省体育非物质文化遗产保护与宣传工作有了显著成效。2007年成立了山东省非物质文化遗产保护中心，并建立了相关网站，有效地推动了体育非物质文化遗产保护和宣传工作，加强了对体育非物质文化遗产的监督和管理。但相关网站的更新和技术工作有待于进一步加强和提高，以栏目"非物质文化遗产名录"为例，由于体育非物质文化遗产没有自己单独的类别，而是归于"传统体育、游艺和杂技"类，在山东省非物质文化遗产保护中心网站收录的类型显示为"杂技与竞技"，以此为关键词进行检索，并未检索到相关体育非物质文化遗产项目，而早在2006年，蹴鞠就已成功入选第一批国家级非物质文化遗产名录。

在促进山东省体育非物质文化遗产规范性保护和发展的同时，建立信息的互联互通，积极推进"互联网＋非遗"行动，以使之互相融合和发展。在全省范围内展开评比省级民间艺术之乡工作，各地市积极组织参与全国非物质文化遗产保护项目成果展。尤其在2016年第4届中国非物质文化遗产博览会上，山东省体育非物质文化遗产保护与宣传工作有了明显效果，特别是广大市民对体育非物质文化遗产的认识程度有了很大提升，并建造了国家非物质文化遗产博览园，使非物质文化遗产博览会举办地有了一个相对固定的地方，为体育非物质文化遗产维护和传承提供了探究、交流和培训的平台[①]。

（二）体育非物质文化遗产旅游产业开发现状

按照《中华人民共和国非物质文化遗产法》规定，贯彻"保护为主，抢救第一，合理利用，传承发展"的方针，在非物质文化遗产旅游开发中，山东省体育非物质文化遗产旅游是一种新型的旅游模式，虽然已经不是新生事物，但在全省各地的发展存在不均衡性，虽然部分地区和企业通过开发体育非物质文化遗产旅游已经获得很好的社会效益和经济效益，但是总体相对来说还处于起步阶段。由于齐鲁大地拥有丰富的民俗

---

① 王文文.体验视角下山东非物质文化遗产旅游开发研究［D］.济南：山东师范大学硕士学位论文，2011.

体育资源、蕴藏着大量的体育非物质文化遗产，具备比较成熟的旅游市场、相对稳定的客源，潜藏着体育非物质文化遗产旅游开发的巨大潜力，进行生产性保护开发并加以利用，可以为社会提供更多就业机会，以实现社会整体效益最大化。

1. 举办民俗节庆

山东省境内的民俗体育文化资源丰富，民俗节庆活动历史悠久，民俗活动形式各式各样，具有民族风俗和地方体育特色，旅游特色鲜明，对游客具有强大的吸引力，充分体现了审美价值、历史价值、文化价值、教育价值和经济价值，成为带动当地产业经济发展的重要文化资源。胶东半岛包括烟台市、威海市和青岛市，主要以海洋信仰、海洋祭祀等节庆活动为主，如每年举办一次大型的渔民节；青岛地方民间节日之一的周戈庄上网节。另外，以传统民俗文化为素材的民俗节庆活动，比如泰山国际登山节。在潍坊市和淄博市，自风筝、蹴鞠等被列入国家级体育非物质文化遗产项目以来，成为促进当地旅游经济发展的主要来源，带动了当地旅游经济的发展。自1984年起，潍坊市深挖风筝的历史演变、民俗等旅游资源的文化内涵，打破资源分散和体制障碍，科学规划合理布局，举办每年一届的潍坊国际风筝节大型活动，增强了潍坊风筝与世界各国风筝之间的交流与合作，更好地宣传与推销风筝，促进了潍坊风筝文化产业的发展，以国际风筝节为中心的体育非物质文化遗产旅游产业的高速发展，为体育非物质文化遗产的产业化发展提供了借鉴。

2. 举办会展活动

随着现代城市化生活节奏的加快，传统的民间手工技艺面临许多困难，通过全面展示我国体育非物质文化遗产保护工作的新思绪、新措施、新发展、新成就，面向社会民众广泛传播体育非物质文化遗产的功能和价值，呼吁社会各界关注体育非物质文化遗产的保护与传承问题，有力地推动了体育非物质文化遗产生产性维护和合理运用。2016年，在济南国际会展中心举行的第4届中国非物质文化遗产博览会上，以"非遗走近现代生活"为主题，创新性融合了展览、展演、赛事、论坛、互动体验和交易为一体的办会模式。尤其在每年一度的潍坊国际风筝节上的风筝制作技艺"龙头蜈蚣"、蹴鞠手工艺制作技艺、传统武术和太极拳表演等，让广大市民重新认识了体育非物质文化遗产的丰富多彩，深入了解了体育非物质文化遗产的独特价值与意义，进一步激发了广大市民对民间传统手工技艺的兴趣。

3. 建设主题园区和博览园

2009年，济南市的齐鲁文化产业园开辟了"非遗视界"，主要包括非遗典藏馆、非遗旗舰店、非遗传习坊和产品研发区四个主体部分，具体分为非遗项目的展览、销售、制作、设想等环节服务。"非遗视界"将各环节连到一起，为非物质文化遗产旅游产业化发展开辟了道路，加快了山东省非物质文化遗产主题园区配套设施建设。2010年，济南市投资兴建国家非物质文化遗产博览园，它位于济南西郊的京沪高铁济南站附近，非遗保护公共场馆区是主园区之一，主要包括国家非遗博物馆、国家非遗图书音像资料馆和国家非遗传承培训中心三部分。尤其在主园区内设立了演艺展示区、传承推介区、制造展销区、休闲体验区等。让不同的非物质文化遗产项目的传承人依照本身特性入驻不同的街区，通过现场的制造和出售，一是有利于进行非物质文化遗产交流传承，二是对非物质文化遗产进行生产性的保护和利用[①]。因此，把非物质文化遗产这种独特的资源优势转化为发展山东省文化旅游产业，使山东省非物质文化遗产保护传承和开发利用造福于民。

4. 旅游商品研发

随着现代生活水平的提高，人们的休闲意识不断增强，带动了体育旅游热潮的持续升温，体育旅游消费需求不断扩大，体育旅游商品的需求持续增长。体育非物质文化遗产旅游商品的开辟，需要保护传承与创

---

① 陈建. 非物质文化遗产档案展览研究.[D]. 济南：山东大学，2012.

新设计相结合，才能不断地满足游客的求知需求，进一步丰富体育非物质文化遗产旅游商品市场，推动传统工艺振兴。山东省成立了体育非物质文化遗产旅游商品研发基地，根据各地市体育非物质文化遗产文化资源特点和景观特色，培养了一批闻名、典型、专长的体育非物质文化遗产旅游商品研发与制作厂家，特别重视体育非物质文化遗产旅游产品的创新、设计与开发。2010年10月，在省会济南举办的首届中国非物质文化遗产博览会上，以潍坊风筝制作技艺为代表的"龙头蜈蚣"获得金奖，这些获奖作品已经得到批量生产，投入市场后深受广大游客的青睐。由于体育非物质文化遗产旅游商品通过创意产品设计和挖掘，可以让游客更好地感受到体育非物质文化遗产的独特魅力[①]。据统计，潍坊市坊子工业区的王家庄子，总人口4000多人，有大约一半的人口从事风筝生产加工，每年实现产值2亿元，带来了巨大的经济效益。

5.建设特色休闲旅游区

依据体育非物质文化遗产的特点，提炼和塑造体育非物质文化遗产旅游的灵魂，以体育非物质文化遗产旅游为载体，着力打造特色休闲旅游区。潍坊市以"品牌推广和风筝村形象"为题材，借助"现代风筝产业基地"落户和荣获"山东省旅游特色村"称号的机遇，积极推动乡村振兴实施战略，实现风筝产业与乡村旅游业深度融合发展，着力打造融风筝文化展示、技艺传承、放飞体验、乡野采摘和农家餐饮为一体的特色休闲旅游区，助推乡村旅游业高质量发展。

三、山东省体育非物质文化遗产旅游开发中存在的问题

随着我国经济快速发展、社会形势发生变化以及新型城镇化改造的实施等因素的影响，山东省体育非物质文化遗产所具有的易逝和口口相

---

① 潍坊风筝手艺获我国非遗金奖　面临传承难尴尬［EB/OL］.（2010-10-21）.http://www.dzwww.com/shandong/sdnews/201010/t20101021_5910319.html.

传等独特性质，也面临着日趋消亡的严峻形势，尽管政府采取了行政行为保护措施，但也存在一定的问题，具体表现如下。

（一）"体育申遗"导致的文化保护不均

保护不均是指政府部门对入选体育非物质文化遗产名录的项目保护力度与资金扶持力度加大，而对未入选的体育非物质文化遗产名录的项目则相对冷漠。已入选山东省体育非物质文化遗产名录的项目只是众多体育非物质文化遗产中的极少部分，如果过分看重体育非物质文化遗产名录就会引起鄙视、遗弃更多未被发现的、出色的体育非物质文化遗产，分裂了文化的整体性和文化的历史延续性，最终将不利于文化多样性的发展。

（二）体育非物质文化遗产旅游开发的等级化

在体育非物质文化遗产旅游开发中，要正确认识体育非物质文化遗产旅游开发的等级化，尤其在体育非物质文化遗产旅游开发的评定与代表作名录的挑选上，仍然存在着文化等级化的认知，存在文化有高低贵贱之分。以社会审美标准来评判体育非物质文化遗产旅游开发的审美价值，却忽略了人类的认识和审美标准是不断进步的，这种对体育非物质文化遗产旅游开发认识的静态化和等级化，必定会对今后的体育非物质文化遗产旅游开发造成不利的影响。

（三）商业开发与文化传承的失衡

自开展山东省体育非物质文化遗产的普查与申报工作以来，全省各地"体育申遗热"方兴未艾、风起云涌，呈现"井喷"态势，广大市民对体育非物质文化遗产的关注度也日益增加，但也存在经济利益驱动下"重视申请、轻视保护，重视形式、轻视内涵"的现象。山东省体育非物质文化遗产旅游产业化发展已经成为其重要的保护途径之一，市场也成为体育非物质文化遗产的最好载体和传播空间。体育非物质文化遗产旅游的发展，吸引四面八方的游客前来当地旅游、体验，旅游接待人数明显增多，带动了当地经济大幅度增长。但也出现了一些问题，为了追求经济的增长，有的地区把体育非物质文化遗产作为当地体育旅游业的一大"卖点"和盈利模式，迎合游客的兴趣、爱好，过度进行商业化开发，使得体育非物质文化遗产原生态的文化内涵在开发过程中逐渐异化或失去。因此，在体育非物质文化遗产旅游开发中，切不可为盲目迎合经济发展需求而舍弃自身的文化精髓，本末倒置，得不偿失。而如何设计融入更多的体育非物质文化遗产文化因素，重视传统文化建设，探索"体育非物质文化遗产+旅游"的未来发展之路，是一个需要不断摸索、创新的过程。

（四）传承主体青黄不接

传承人主要是以个人和团体方式一代接一代对体育非物质文化遗产进行传承、发展和创新。有些体育非物质文化遗产技艺的难度太大，门槛太高，导致传承中乐趣不足，群众基础低，受众小。例如，山东省体育非物质文化遗产传承人以50岁以上人数居多，年龄最大的已经84岁，传承主体年龄相对偏大。受现代物质文化熏陶和洗礼的年轻人，他们的人生观、价值观等都发生了很大的改变，喜欢追求时尚生活，对民族传统体育文化兴趣低。传统体育文化加速断裂，使得体育非物质文化遗产面临后继无人的困境。

四、山东省体育非物质文化遗产旅游产业开发的对策

（一）加大政策支持力度

我国非物质文化遗产的保护工作已经开展多年，依据我国现行的法律法规和现行条例，在这个基础上，山东省出台相关地方性的政策法规，制定相关的保护措施。在相关政策指引下，对山东省体育非物质文化遗产进行归类和划分，在山东省体育非物质文化遗产项目名单中再进行多角度细致划分，系统深入地研究和梳理，建立山东省体育非物质文化遗产保护体系，并不断挖掘和抢救新的体育非物质文化遗产，采取合理、

科学、有效的保护和传承方案，进行有针对性的保护和科学合理的发展。政策的制定为山东省体育非物质文化遗产旅游开发提供保障机制与实施措施，有利于推动山东省旅游业转型升级，深化旅游业改革与发展，促进文旅融合，打造有文化、有品位的体育非物质文化遗产旅游品牌，做强"好客山东"旅游品牌优势，推动全域旅游可持续性发展，全力塑造山东省文化旅游目的地品牌竞争优势，争创旅游业发展的新势力，争取打造成为在国际上具有一定影响力的旅游目的地品牌，促进体育非物质文化遗产旅游成果惠民利民。

（二）健全法治保障

若无法可依，非物质文化遗产保护工作就有如无本之木、无源之水。立法保护是保护非物质文化遗产的通常做法，也是最直接有效的手段之一。在经济全球化的背景下，民族传统体育文化要想生存下来，必须依据相关法律落实体育非物质文化遗产保护工作，坚决杜绝急功近利和小团体主义，把体育非物质文化遗产保护工作真正纳入依法治理的轨道中来。体育非物质文化遗产旅游开发要借鉴非物质文化遗产保护与旅游开发的成功经验，在《中华人民共和国非物质文化遗产法》《国务院关于加强文化遗产保护的通知》和山东省人民政府办公厅《关于贯彻国办发〔2005〕18号文件做好我省非物质文化遗产保护工作的通知》等法律法规和规范性文件的基础上，政府部门及相关单位加强对体育非物质文化遗产旅游开发的法律保护与宣传工作。山东省各级政府制定相关法律法规及地方性保护条例，建立完善的、高覆盖性的省级性的、地方性的、综合性的和单项性的法律法规，制定出体育非物质文化遗产旅游保护与开发的措施及实施办法，出台具体保护与开发方案，逐步实现体育非物质文化遗产保护与旅游开发的科学化、经营管理的法制化和规范化。各级体育部门、文化部门、旅游部门应积极配合出台相关法规、条例与办法，以充分发挥法规制度在保护、传承体育非物质文化遗产旅游开发中的重要作用，避免体育非物质文化遗产资源的萎缩和流失，动员全社会力量共同维护与发展这份宝贵的财富。

（三）加强传承梯队建设

物质文化遗产与非物质文化遗产不同，有形的物质文化遗产可以进行雕刻和记载，也可以通过博物馆等渠道进行展览宣传与传承，但无形的非物质文化遗产是以口传身授的方式进行的经验教育，传承人作为非物质文化遗产保护的核心和关键，是"活"的文化。由于经济收入、社会地位等方面的限制，很多体育非物质文化遗产传承人的生存状况并不乐观，体育非物质文化遗产在民间的活态传承难以为继。一是对于体育非物质文化遗产传承人的培养，必须建立一支业务素质高，年龄和专业知识结构合理的梯队，不仅培养年轻的优秀传承人，还要培养技术专业的创作人员和管理人员。二是政府在制定政策上给予更多倾斜与支持，加大经费投入和各行业之间的协同配合。依据国家相关政策与法规，落实和提高体育非物质文化遗产传承人的薪酬福利待遇，解决他们的个人及家庭生活的基本问题。三是让游客主动参与体育非物质文化遗产的试学试做活动，游客就有了难忘的体育非物质文化遗产旅游体验。传承人作为体育非物质文化遗产最重要的活态载体，是游客在网络媒体和众多的旅游宣传活动中做出旅游决策的重要因素，为体育非物质文化遗产传承提供展演活动的机会。因此，体育非物质文化遗产传承人至关重要，承载着体育非物质文化遗产的丰富知识和精湛技艺，加强培养有一技专长的传承人，有助于推动体育非物质文化遗产健康发展[1]。

（四）打造旅游文化品牌

立足齐鲁大地的地理文化资源优势，充分挖掘民间艺术之乡的体育非物质文化遗产特色。以潍坊风筝、临淄蹴鞠等文化旅游资源为窗口，在保持鲜明民族特色的基础上，体现独具特色、博大精深的中华文化，进一步整合地域民俗艺术品和乡村资源，深入挖掘体育非物质文化遗产

---

[1] 季秋菊.试论我国体育非物质文化遗产旅游资源开发［J］.北方文学：2012，（02）：162.

文化内涵，打造出更好的体育非物质文化遗产旅游文化品牌，展示中华文化的强大感召力和吸引力。从而有助于提升体育非物质文化遗产品牌影响力，打造体育非物质文化遗产人文气息浓厚、游客参与度较高和价值链明显提升的体育非物质文化遗产旅游产品，努力营造体育非物质文化遗产全年旅游氛围，推进体育非物质文化遗产资源的旅游化传承与利用，打造一批具有国际影响力的体育非物质文化遗产旅游文化品牌。

（五）扩大宣传力度

新媒体就是以网络媒体为主，利用广播、电视、电子报纸和期刊、微博、微信等媒介，构建一个良好的网络生态平台，扩大对《中华人民共和国非物质文化遗产法》的宣传力度。通过体育非物质文化遗产传承地域文化，建立体育非物质文化遗产博物馆，充分展现和宣传体育非物质文化遗产，广泛开展体育非物质文化遗产进社区、进校园、进景区等演出活动，营造体育非物质文化遗产的辐射力，体育非物质文化遗产融入群众生活，抓住农闲和节假日，开展多姿多彩的宣传展示活动[1]。提升广大市民对体育非物质文化遗产的保护意识和能力，组建体育非物质文化遗产专题网站；在文化部门相关网站上开设体育非物质文化遗产专栏；开通体育非物质文化遗产专题微博和微信公众号；在报纸和期刊中设置体育非物质文化遗产专栏；制作播放体育非物质文化遗产相关电视节目等方式。

---

[1] 左笑.新媒体时代下非物质文化遗产保护的途径探究［J］.大众文艺：学术版，2017，（03）：11.

第四节　体育非物质文化遗产与旅游融合发展
——以青州花毽为案例

一、项目背景与起源

据《尚书·禹贡》中记载："海岱惟青州"，青州为中国古九州之一，是一座历史文化名城，已有7000余年的发展史，历史文化资源丰厚，地域文化特色鲜明。文化是一个国家、一个民族的灵魂。文化兴、国运兴，文化强、民族强。青州古城文化内涵深厚，为进一步提升城市文化品位、城市软实力和竞争力，促进文化与旅游的融合，在青州古街上进行内容丰富多样的常态化非物质文化遗产展演，涵盖体育竞技、说唱、曲艺等颇具本地民间文化特色的艺术形式。青州花毽由蹴鞠发展演变而来，已有2000多年的发展历史，2011年，列入国家级传统体育类非物质文化遗产代表性项目名录，融合了武术的阳刚之气和舞蹈的柔美之姿，动作优美，讲究眼到脚到、心到意到，人毽共舞，融为一体，花样繁多，踢法多样，有强身健体之功效，更富有艺术审美之价值，是我国优秀传统体育文化的瑰宝，是增强中华民族认同感的宝贵资源。花毽作为青州地域文化的重要组成部分，孕育于中华民族传统文化土壤，又深受现代文化的滋养，实现了传统文化元素和现代话语的融合互通。

二、融合发展路径

体育非物质文化遗产与旅游密不可分，体育非物质文化遗产是旅游的优质资源，旅游是传播体育非物质文化遗产的重要渠道，两者融合发展有着深厚基础和广阔前景。以开发特色体育非物质文化遗产资源为重点，着力形成体育非物质文化遗产与旅游协同发展的新格局，有效促进旅游业更好发展，进一步提高体育非物质文化遗产的可见度、影响力，增强了体育非物质文化遗产旅游的体验感，这种"体旅结合、传保并重"的体育非物质文化遗产与旅游融合新模式，延伸了"体育+旅游"产业链。

（一）多方合作，提供保障

青州花毽需要政府、企业、科研院所、行业组织、体育非物质文化遗产传承人等多方合作，激发多方主体的共同责任意识，形成合力，提供政策、资金等多种保障，完善政府机制、市场机制和社会机制的有机协同配合。

（二）以花毽带动旅游，以旅游促进花毽发展

深度挖掘青州花毽旅游资源，带动全社会对传承人的重视和保护，传承人通过技艺、文化和产品的传承，扩大产品的销售市场和销售渠道，优化古城的人文环境，提高吸引力，拓展和创新体育非物质文化遗产传承的绿色生态产业链。

（三）建设体育非物质文化遗产旅游品牌，全方位展示青州花毽

加强与国内外主流媒体的合作，设计独具特色的形象标志，借助青州古城平台，与旅游景区通力合作，促进青州花毽的品牌化发展，以丰富的产品供给、过硬的产品质量、多样的产品形式、宝贵的传统体育文化等助力青州花毽走向全国各地，并力争走出国门，走向国际市场，向世界传播中华文化。

三、融合发展成果分析

体育非物质文化遗产的活态属性是促使其市场化的必要前提，在创造、发展的进程中，商业化的发展是其流传于世的强大力量。体育非物质文化遗产源自人们的生产和生活，与人们的衣、食、住、行密切相关，而自从人类告别了自给自足的小农经济，衣、食、住、行本身就具有了

商品属性[①]。体育非物质文化遗产与旅游具有天然的联系，在体育非物质文化遗产与旅游融合的政策与市场环境下，体育非物质文化遗产与旅游融合成为兼具娱乐与购物的一种生产与生活形态，这是一种自然资源的搭配，更是一种市场产品的搭配。

四、融合模式总结

随着社会经济的快速发展，消费升级和需求衍化已成为现代社会消费领域的显性问题。一些传统的观光旅游难以满足游客日益多元化、个性化的消费需求，文旅消费供给侧改革亟待推进，产品和服务亟待丰富。体育非物质文化遗产需要借助旅游在现代消费环境下找到新的生存空间，搭建沉浸式、互动式体育非遗旅游新形态，不断提升消费者的体验感和获得感。

---

① 2019 非遗与旅游融合 10 大优秀案例［EB/OL］.（2019-11-13）.https://m.thepaper.cn/baijiahao_4963484.

第四章　体育产业与文化产业融合发展

文化是一种源自实践、历经历史积淀，走向未来的族群记忆，是人类共享的精神财富，是维护民族共同价值观、满足居民文化权利的需要，文化的发展是经济社会发展的新引擎和助推器。文化具有强渗透性和强关联性的效应，在产业融合视域下，文化产业表现活跃，发挥着文化引领新风尚、服务社会和推动社会发展的作用。2014年3月，国务院印发的《关于推进文化创意和设计服务与相关产业融合发展的若干意见》（国发〔2014〕10号），明确提出文化产业要逾越产业固有界限，表现出多向交互融合态势，突破行业与区域障碍，相互融合发展促进产业结构的升级[1]。党的十八大以来，以习近平同志为核心的党中央高度重视中华优秀文化的传承发展，推动文化产业尤其是其中的文化创意和设计服务与相关产业的深度融合。随着现代信息技术的发展，各类产业开始向智能化和融合化方向发展，体育产业与文化产业的融合发展，推动了体育产业社会化和现代化，更好地发挥了文化产业在优化产业结构、改善生活品质、提升国家文化软实力等方面的重要作用，这对于体育产业和文化产业发展均具有重要作用。

---

[1] 国务院关于推进文化创意和设计服务与相关产业融合发展的若干意见国发〔2014〕10号［EB/OL］.（2014-03-14）.http://www.gov.cn/zhengce/content/2014-03/14/content_8713.htm.

第一节　基于投入产出模型的我国文化产业波及效应分析

我国文化产业蓬勃发展，总量规模均稳步增长，对国民经济增长的贡献率不断提升，逐渐成为经济增长的新动能和新引擎，标志着文化产业上升为国家战略性支柱产业。国民经济是一个庞大的系统，系统中的每个产业的发展都会不同程度地波及其他相关产业的发展，进而带动国民经济增长。中共中央、国务院发出了《深化文化体制改革的若干意见》、国家发展和改革委员会正式发布了《服务业创新发展大纲（2017—2025 年）》等文件，提出了加快构建结构合理、门类齐全、科技含量高、富有创意、竞争力强的现代文化产业体系[1]，推动了我国文化产业的跨越式发展。

2018 年 5 月在第 10 届"全国文化企业 30 强"名单中，13 家出版发行企业赫然在列，占 43.3%，其中浙江出版联合集团、江西省出版集团、江苏凤凰出版传媒集团、中国出版集团、中南出版传媒集团 5 家出版发行企业发展势头强劲，已连续 10 年入选 30 强。而文化产业具有优结构、扩消费、增就业、促跨越、可持续的独特优势和突出特点，是一个朝阳产业、绿色产业[2]，对促进经济增长、提升经济发展质量、推动经济发展方式转变发挥着重要作用。但也应看到，我国文化产业发展从整体上说还存在一些不足和短板，由于我国现代文化产业体系还不够健全，尤其在文化产业供给方面，创新创意仍然不够，高质量的文化产品和服务供给不够充分，文化产业发展依赖资源的现象还比较普遍。因此，如何提高我国文化产业投入产出效率，增强整体竞争力就成为当前发展的重点，也是研究的目的所在。

---

[1] 国家发展和改革委员会. 关于印发《服务业创新发展大纲（2017—2025 年）》的通知 [EB/OL]. (2017-06-13). http://www.gov.cn/xinwen/2017-06/21/content_5204377.htm.

[2] 柯可. 文化产业论 [M]. 广州：广东经济出版社，2001：1—20.

国内学者对文化产业投入产出进行了较为广泛的研究，林秀梅利用2007年吉林省投入产出表，严皓利于2012年四川省投入产出表，对文化产业与其他产业之间、文化产业各细分行业内部之间的关联[1]、波及效应进行了分析[2]。我国学者对于文化产业的关联和波及效应研究多集中于某个区域，而对全国文化产业波及效应的研究略显不足。2018年，《文化及相关产业分类》和《三次产业分类》的修订，行业类别进行了或多或少的调整，文化产业的统计口径也发生了一些变化，因此，为全面分析我国文化产业的最新发展状况，基于《2017年中国投入产出表》数据，对我国文化产业与其他产业、文化产业各细分行业内部之间的关联度及产业波及效应进行分析，全面分析我国文化产业与其他产业部门的直接和间接关系，探讨文化产业的地位及对经济的波及效应，以促进我国文化产业与其他产业的协调和可持续发展。

一、研究方法和数据来源

（一）研究方法

运用投入产出模型分析文化产业的产业波及效应。投入产出法是列昂惕夫于1936年首次提出的，投入产出表以矩阵形式记录和反映某经济系统在一定时期内各部门之间发生的产品及服务流量和交换关系，对各地、各部门之间的详细交易没有记录，只要求总量平衡[3]。运用投入产出表对经济问题进行定量分析，反映产业之间的结构关系和波及效应，

---

[1] 林秀梅，张亚丽.吉林省文化产业的关联拉动效应分析——基于投入产出模型［J］.东北师大学报（哲学社会科学版），2014（3）：112—113.

[2] 严皓，叶文明，凌潇.文化产业关联效应的实证分析［J］.统计与决策，2017（8）：97—100.

[3] 王涛，苏雅，王晴晴.中国省际贸易矩阵的估计与应用［J］.统计研究，2019（36）4：60—70.

从而揭示某产业与其他产业的关联特性[①]。

1. 直接消耗系数

直接消耗系数 a_{ij} 是生产一个单位的 j 产品，需要消耗的产业 i 的量，即 i 产业对 j 产业的中间投入，X_j 是 j 产业的总投入。a_{ij} 越大，说明 j 产业对 i 产业的直接依赖越强。j 产业的发展可以带动 i 产业，i 产业是 j 产业的重要支撑，但也可能成为制约其发展的瓶颈。

$$a_{ij}=z_{ij}/X_j \quad (1)$$

2. 完全消耗系数

在一般的经济活动过程中，各产业的生产过程不仅存在对其他产业的直接消耗，而且存在波及作用导致的间接消耗。在投入产出理论中，产业在生产单位产品的过程中，对其他产业的直接消耗和全部间接消耗之和，称为"完全消耗"。

$$B=(I-A)^{-1}-I \quad (2)$$

B 是由完全消耗系数 b_{ij} 组成的完全消耗系数矩阵，b_{ij} 是 j 产业在生产单位产品的过程中，对 i 产业的直接消耗和全部间接消耗之和。b_{ij} 越大，说明 j 产业通过国民经济系统对 i 产业的依赖性越大或带动性越强。

3. 影响力系数

影响力系数 K_{Bj} 表示 j 产业增加一个单位最终产品，对其他部门中间投入的需求情况，K_{Bj} 越大，表明 j 产业对其他产业的拉动效应越大。

$$K_{Bj}=\frac{b_j}{n}/\frac{\sum_i b_j}{n^2} \quad (3)$$

4. 感应度系数

感应度系数 K_{Fi} 表示国民经济各部门增加一个单位最终产品时，i 产业对其他部门的中间使用供给情况，即 i 部门的需求感应程度，K_{Fi} 越大，

[①] 龚仰军. 产业经济学教程 [M]. 上海：上海财经大学出版社，2014：55—75.

表明 i 产业对其他产业的推动效应越大，支撑作用越明显。

$$K_{Fi} = \frac{d_i}{n} / \frac{\sum_j d_i}{n^2} \qquad (4)$$

（二）数据来源

我国学者大多将文化产业分为文化制造业和文化服务业，结合学者的研究[1]和国家有关文件规定[2]，对149个部门进行分类整理，形成了涵盖23个部门的文化制造业和文化服务业。国家统计局新修订的《国民经济行业分类（2017）》，陶瓷制品制造包括建筑陶瓷制品、卫生陶瓷制品、特种陶瓷制品、日用陶瓷制品、陈设艺术陶瓷制造、园艺陶瓷制造以及其他陶瓷制品制造[3]，其中陈设艺术陶瓷制造和园艺陶瓷制造属于文化制造业，考虑到这两类陶瓷制品在整个陶瓷制品行业中，所占比重相对较小，因此，在统计时，将陶瓷制品不纳入文化制造业，而是归于除去文化制造产业的第二产业。

在上述基础上，对投入产出表进行了适当的结构调整：将第一、第二产业（除去文化制造业）、第三产业（除去文化服务产业）内部各行业相加后合并成第一、第二产业（除去文化制造业）、第三产业（除去文化服务产业）[4]，把文化制造产业和文化服务产业列为单独的产业，形成高度整合的五类产业的5×5部门投入产出表（见表4-1）。5×5部门投入产出表能更清晰地揭示文化制造业和文化服务业在产业结构中

---

[1] 国家统计局. 文化及相关产业分类（2018）[EB/OL].（2018-05-09）.http://www.stats.gov.cn/tjsj/tjbz/201805/t20180509_1598314.html.2018-4-2.

[2] 国家统计局. 关于修订《三次产业划分规定（2012）》的通知[EB/OL].（2018-03-27）.http://www.stats.gov.cn/tjsj/tjbz/201804/t20180402_1591379.html.

[3] 国家统计局. 国民经济行业分类（GB/T4754-2017）[EB/OL].（2017-09-29）.http://www.stats.gov.cn/tjsj/tjbz/hyflbz/201710/t20171012_1541679.html.

[4] 为叙述简洁，在下文中把第二产业（除去文化制造业）简称为"第二产业"，把第三产业（除去文化服务产业）简称为"第三产业"。

的地位和作用，能综合反映出文化制造业与文化服务业和第一、第二、第三产业间的相互关系。而且，从计算原则上看，文化制造业和文化服务业实际上是从第三产业中剥离出来的，文化产业和第三产业（除去文化服务产业）的合计就是第三产业，因此把文化产业单独作为一个产业来分析，并不影响投入产出表的恒等属性。

表4-1 我国5×5部门投入产出表（单位：万元）

	第一产业	第二产业	第三产业	文化制造业	文化服务业
第一产业	115499521	612478641	54428471	17939963	9169843
第二产业	206949362	7123000379	790997848	227621042	353231576
第三产业	84488308	1428699678	1187688858	62714633	416837824
文化制造业	993323	114316744	66212501	121337432	97552965
文化服务业	10859929	480640237	420579964	14967823	325971363

二、文化产业的波及效应

（一）直接消耗系数分析

1. 各部门直接消耗系数分析

各部门间相互依存的关系可以用直接消耗系数来体现，直接消耗系数越大，各部门之间的相互依赖关系越强[1]。从表4-2可以看出，文化制造业对文化服务业的直接消耗系数最低，对第二产业的直接消耗系数最高，表明文化制造业对文化服务业的依赖性较弱，对第二产业的依赖性较强；文化服务业对第一产业的直接消耗系数最低，对第三产业的直接消耗系数最高，表明文化服务业对第三产业的依赖性最强，对第一产业的依赖性最弱，第三产业是影响文化服务业发展的关键性行业。第一

---

[1] 刘波.中国非正规经济的就业效应研究——基于投入产出模型［J］.统计研究，2021（1）：1-12.

产业对文化制造业和文化服务业的直接消耗系数最低，第二产业对文化制造业和文化服务业的直接消耗系数略高于第一产业，分别为 0.0088 和 0.0371，说明第一、第二产业对文化制造业和文化服务业的依赖度均比较低。第三产业对第一产业和文化制造业的直接消耗系数较低，说明第三产业对第一产业和文化制造业的依赖度也较低。总体看来，传统的第一、第二、第三产业对文化产业的依赖度较低，因此，文化产业需要加强和第一、第二、第三产业的融合，以进一步增强自身在国民经济中的地位。

在文化产业内部，文化制造业和文化服务业均对自身的直接消耗系数最大，文化服务业对文化制造业的直接消耗系数高于文化制造业对文化服务业的直接消耗系数，表明文化产业的发展对文化制造业的依赖程度较高。

表 4-2　各部门直接消耗系数表

	第一产业	第二产业	第三产业	文化制造业	文化服务业
第一产业	0.1102	0.0473	0.0094	0.0318	0.0041
第二产业	0.1975	0.5498	0.1373	0.4039	0.1572
第三产业	0.0806	0.1103	0.2061	0.1113	0.1855
文化制造业	0.0009	0.0088	0.0115	0.2153	0.0434
文化服务业	0.0104	0.0371	0.0730	0.0266	0.1451

2. 各具体部门直接消耗系数分析

在文化制造业中，造纸和纸制品业（a1）对第一产业的直接消耗系数最大，其次是工艺美术品（a3），这可能与这两个产业部门所需的原材料主要来源第一产业有关。文化、办公用机械（a6）、广播电视设备和雷达及配套设备（a7），以及视听设备（a8）对第二产业的直接消耗系数最大，对第二产业的依赖较强，第二产业对这几个部门的投入较高，第二产业的发展对这几个部门的发展发挥着重要的作用，要充分发展第二产业，以便为文化、办公用机械（a6）、广播电视设备和雷达及配套设备（a7），以及视听设备（a8）的发展提供支撑，如果第二产业发展滞后就会成为影响它们发展的瓶颈。商务服务（b14）、科技推广和应用服务（b17），以及第三产业（A3）对第三产业的直接消耗系数最大。从对文化产业各部门的直接消耗系数来看，文化产业各部门内部之间的直接消耗占据主导地位，直接消耗系数居前三位的全部都是文化产业内部的有关部门，这表明目前我国文化产业的发展仍然处于内部融合阶段，对其他产业部门的依赖较低。融合度也较低，因此，要想促进文化产业的快速发展，加强与其他产业部门之间的融合势在必行（见表4–3）。

表4–3 文化产业各部门之间直接消耗系数（前三位）

产业部门名称	直接消耗系数		
第一产业 A1	A1（0.2327）	a1（0.0796）	a3（0.0629）
第二产业 A2	a6（0.6989）	a7（0.6850）	a8（0.6334）
第三产业 A3	b14（0.2890）	b17（0.2470）	A3（0.2061）
造纸和纸制品业 a1	a2（0.3531）	a1（0.2915）	b19（0.1401）
印刷和记录媒介复制品业 a2	b19（0.1471）	b13（0.0408）	b14（0.0328）
工艺美术品 a3	a3（0.0258）	b21（0.0057）	b22（0.0038）
文教、体育和娱乐用品 a4	a4（0.0998）	b22（0.0289）	b18（0.0079）
涂料、油墨、颜料及类似产品 a5	a5（0.1429）	a2（0.0412）	a4（0.0064）
文化、办公用机械 a6	a6（0.0215）	a8（0.0032）	b21（0.0005）
广播电视设备和雷达及配套设备 a7	a7（0.0212）	a8（0.0055）	b10（0.0025）
视听设备 a8	a8（0.0822）	b10（0.0099）	a7（0.0082）
电信 b9	b11（0.0969）	b9（0.0884）	b13（0.0708）
广播电视及卫星传输服务 b10	b10（0.0813）	b11（0.0004）	b9（0.0004）
互联网和相关服务 b11	b11（0.0513）	b13（0.0472）	b9（0.0355）

续表：

产业部门名称	直接消耗系数		
软件服务 b12	b12（0.0467）	b13（0.0356）	b11（0.0060）
信息技术服务 b13	b13（0.0570）	b11（0.0548）	b12（0.0450）
商务服务 b14	b14（0.1036）	b13（0.0876）	b17（0.0670）
研究和试验发展 b15	b15（0.0036）	（0.0000）	（0.0000）
专业技术服务 b16	b16（0.1367）	b17（0.0876）	b15（0.0272）
科技推广和应用服务 b17	b15（0.0294）	b17（0.0188）	a5（0.0101）
教育 b18	b18（0.0114）	b19（0.0033）	b21（0.0021）
新闻和出版 b19	b19（0.0118）	b10（0.0059）	b18（0.0046）
广播、电视、电影和影视录音制作 b20	b20（0.0403）	b10（0.0206）	a7（0.0060）
文化艺术 b21	b21（0.1018）	b10（0.0206）	b11（0.0010）
体育 b22	b22（0.0989）	（0.0000）	（0.0000）
娱乐 b23	b23（0.0270）	b21（0.0066）	b22（0.0061）

（二）完全消耗系数分析

整体来看，第一产业对文化制造业和文化服务业的完全消耗系数最低，分别为0.0147和0.0596，说明第一产业对文化产业的拉动作用较弱，几乎不需要文化产业的支撑。第二、第三产业对文化服务业的完全消耗系数为0.1453和0.1413，略高于文化制造业的0.0421和0.0338。文化制造业对第二产业的完全消耗系数为1.4028，远高于对其他产业的完全消耗系数，表明文化制造业对第二产业的依赖程度较强，同时也说明文化制造业的发展可以促进第二产业的发展。文化制造业对第三产业的完全消耗系数为0.4230，居第二位，是直接消耗系数的近4倍，说明文化制造业通过产业链对第三产业起较大的促进作用。文化服务业对第二产业的完全消耗系数最大，其次是对第三产业的完全消耗系数，说明文化服务业对第二、第三产业的拉动效应较强（见表4-4）。

表4-4 各部门完全消耗系数表

	第一产业	第二产业	第三产业	文化制造业	文化服务业
第一产业	0.1594	0.1388	0.0440	0.1263	0.0470
第二产业	0.6093	1.4924	0.5178	1.4028	0.6448
第三产业	0.2184	0.4001	0.3738	0.4230	0.3942
文化制造业	0.0147	0.0421	0.0338	0.3042	0.0814
文化服务业	0.0596	0.1453	0.1413	0.1390	0.2344

（三）影响力系数和感应度系数分析

影响力系数最大的是文化制造业，为1.4627，其次是第二产业，为1.3549，表示文化制造业和第二产业每增加一个单位的最终需求，将分别带动国民经济增加1.4627和1.3549个单位的产出，对其他产业的影响程度超过社会平均影响力水平，对国民经济有明显的波及拉动作用，支柱效应明显。文化服务业的影响力系数为0.8560，略低于全产业平均水平，说明文化服务业对国民经济发展的拉动效应较弱。我国文化产业的发展，在一定时期内，还是需要率先发展文化制造业，并带动其他产业的发展，以达到事半功倍的经济增长效果。文化制造业的感应度系数较高，为1.0695，仅次于第一产业的1.2420，表明文化制造业受到其他产业部门影响较大，对国民经济的推动效应大于各产业部门的平均水平，是国民经济发展的关键部门。文化服务业的感应度系数为0.8132，在各部门中是最低的，说明文化服务业对其他产业发展的制约不大，需求感应程度较弱，会阻碍其他产业的发展（见表4-5）。

表 4-5　各部门影响力系数和感应度系数

	第一产业	第二产业	第三产业	文化制造业	文化服务业
影响力系数	0.6481	1.3549	0.6782	1.4627	0.8560
感应度系数	1.2420	1.0562	0.8191	1.0695	0.8132

2017 年与 2007 年相比[①]，文化制造业和文化服务业的影响力系数变化不大，而感应度系数呈现较大的提升，2017 年约是 2007 年的 2 倍，感应度系数的大幅提升，表明其他产业对文化产业的需求越来越大，文化产业对其他产业发展的推动效应越来越大（见图 4-1）。

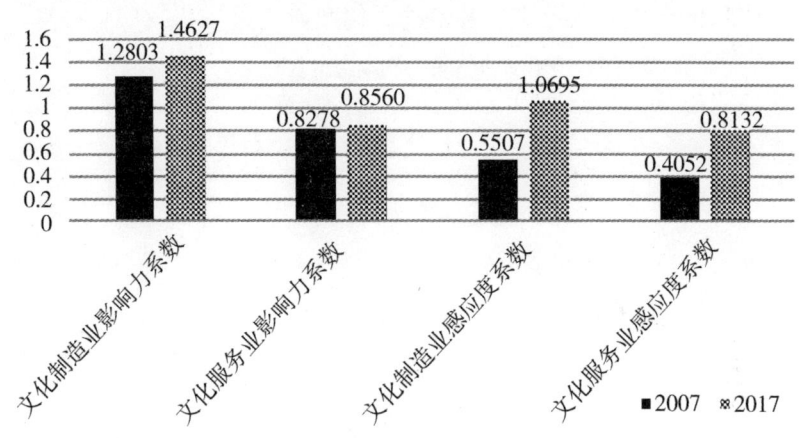

图 4-1　2007 年与 2017 年影响力系数和感应系数比较

在文化产业内部，有 11 个文化产业部门的影响力系数大于 1，其中印刷和记录媒介复制品业（a2）、造纸和纸制品业（a1）、信息技术服务（b13）、互联网和相关服务（b11）的影响力系数和感应度系数均较大，位次居于前 5 位，可知这 4 个部门对文化产业其他部门所产生的需求拉动和推动作用均比较大。新闻和出版（b19）、软件服务（b12）、科技推广和应用服务（b17），以及广播电视和卫星传播服务（b10）的

---

① 张亚丽.中国文化产业的关联拉动效应分析［J］.统计与决策，2012，11：134—137.

影响力系数较大，位次靠前，感应度系数较小，位次靠后，可见这几个部门对文化产业其他部门产生的波及拉动作用较大，而推动作用较小。涂料、油墨、颜料及类似产品（a5）的影响力系数较小，小于1，位次靠后，感应度系数较大，大于1，位次靠前，电信（b9）虽然影响力系数和感应度系数均大于1，但其感应度系数排名远高于影响力系数排名，可知涂料、油墨、颜料及类似产品（a5）和电信（b9）这两个部门对文化产业其他部门的拉动作用较小，推动作用较大。商务服务（b14）的影响力系数和感应度系数相差不大，均大于1，位次居中，说明商务服务的拉动和推动作用相当，在文化产业中的作用还没有完全凸显，可以发掘商务服务的潜在经济价值，来促进文化产业的进一步发展（见表4-6）。

表4-6 文化产业各部门影响力系数和感应度系数

部门名称	影响力系数及排序		感应度系数及排序	
造纸和纸制品业 a1	1.7163	4	4.9102	1
印刷和记录媒介复制品业 a2	2.3868	1	3.0136	2
工艺美术品 a3	0.3741	19	0.5085	15
文教、体育和娱乐用品 a4	1.1383	8	1.0567	8
涂料、油墨、颜料及类似产品 a5	0.8639	13	1.3961	6
文化、办公用机械 a6	0.2265	23	0.2270	20
广播电视设备和雷达及配套设备 a7	0.3181	22	0.1327	21
视听设备 a8	0.5625	18	0.8018	11
电信 b9	1.0153	11	1.4106	5
广播电视及卫星传输服务 b10	1.0633	9	0.4812	16
互联网和相关服务 b11	1.4282	5	1.5647	4
软件服务 b12	1.3323	6	0.3046	19
信息技术服务 b13	1.8324	3	1.5980	3

续表:

部门名称	影响力系数及排序		感应度系数及排序	
商务服务 b14	1.0342	10	1.0792	7
研究和实验发展 b15	0.5808	17	0.0144	23
专业技术服务 b16	0.9495	12	0.8748	10
科技推广和应用服务 b17	1.1712	7	0.6519	12
教育 b18	0.3448	20	0.0654	22
新闻和出版 b19	2.0516	2	0.9571	9
广播、电视、电影和影视录音制作 b20	0.6604	16	0.4107	18
文化艺术 b21	0.7695	15	0.5779	13
体育 b22	0.8473	14	0.4445	17
娱乐 b23	0.3328	21	0.5182	14

（四）各部门关联交叉分析

根据影响力系数和感应度系数对各部门进行分类，以社会平均值1为界，将影响力系数—感应度系数分割为四个象限，各部门的分布情况如图4-2所示。

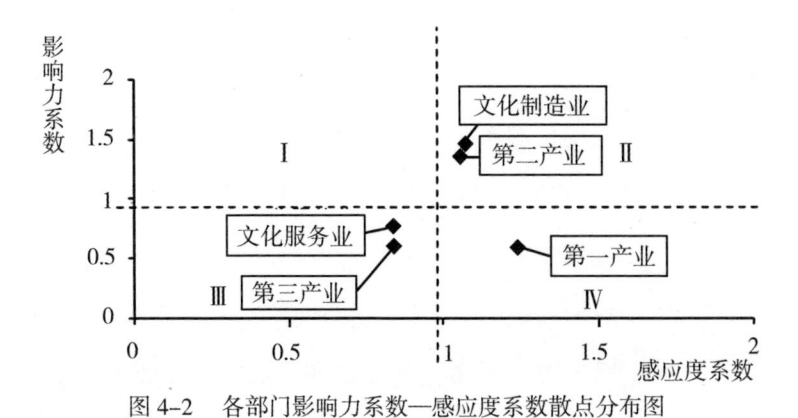

图4-2 各部门影响力系数—感应度系数散点分布图

处于第Ⅱ象限的第二产业和文化制造业的影响力系数和感应度系数均大于1，属于强辐射力和强制约力的部门，这两个部门产出的增加对其他部门产出的增加的影响非常大，其他部门产出的增加对这两个部门产生的需求也非常大，是其他部门所消耗的中间产品的主要供应者。同时，在生产过程中又大量消耗其他部门的产品，是拉动经济发展的重要支柱产业，既是需求拉动力大，又是供给推动力大的产业部门。

处于第Ⅲ象限的第三产业和文化服务业影响力系数和感应度系数均小于1，位次也靠后，属于弱辐射力、弱制约性的部门，对其他产业的需求拉动和供给推动作用均较小。第三产业的感应度系数和文化服务业的影响力系数、感应度系数均在0.8以上，是新兴的产业部门，这类产业产出的增加对其他部门产生的需求较小，其他产业产出的增加对这类部门产生的需求也较小，依存度较低，对经济的带动作用还不是十分明显，需要对其引导发展。

处于第Ⅳ象限的第一产业的影响力系数小于1，而感应度系数大于1，属于弱辐射力强制约性的部门，表明第一产业对其他部门的影响较小，需求拉动力小。而更多地受其他部门的影响，供给推动力大，对国民经济具有明显的推动作用。

产业关联度较高的产业主要是造纸和纸制品业（a1）、印刷和记录媒介复制品（a2）、文教、体育和娱乐用品（a4）等文化制造业，以及电信（b9）、互联网和相关服务（b11）、信息技术服务（b13）、商务服务（b14）等文化传播渠道服务，它们的影响力系数和感应度系数均大于1，表明这几个部门对文化产业的拉动效应和推动效应高于社会平均水平。它们的产业需求和供给变动对文化产业有极其显著的影响，有较强的带动效应和支撑效应，是文化产业快速发展的主要推动力，对经济环境的变化有着敏锐的反应力。作为核心产业的新闻和出版（b19）

影响力系数较大,即新闻和出版业每增加一个单位的产品,则需要其他生产部门提供 2.0516 个单位的产品供给。但感应度系数较小,新闻和出版业对国民经济的拉动作用远远大于对国民经济的推动作用(见图 4-3)。

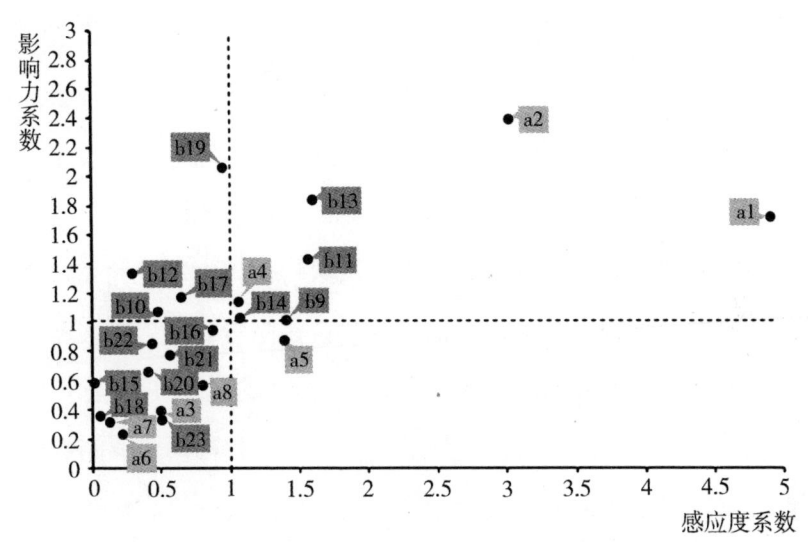

图 4-3　文化产业各部门影响力系数和感应度系数散点分布图

三、结论与启示

(一)我国文化产业对经济的贡献率较低

我国文化产业总体规模相对偏小,2019 年全国文化产业增加值为 44363 亿元,比 2018 年增长 7.8%,占 GDP 的比重为 4.5%,比 2018 年增长 0.02%,全国规模以上文化及相关产业企业营业收入 86624 亿元,比上年增长 7%。图书馆、文化馆、人均图书拥有量均有了大幅提升,文化产业对经济发展和文化繁荣的引领与推动作用日益突出。从文化产业内部来看,文化制造业占文化产业增加值的 26.8%,而文化服务业则占 63.4%。文化服务业的增加值远高于文化制造业,构成了文化产业的主体。虽然文化服务业的体量发展领先于文化制造业，但影响力系数和感应度系数均小于文化制造业。在国民经济发展中，文化服务业的供给品质和融合创新略显不足，现代文化服务业还不成熟，和其他产业部门的关系相对较弱。文化服务业的文化属性无法完全通过经济属性来体现，在发展过程中，要加强内容创作类文化服务业的创意、创新发展，以提升文化服务业的核心竞争力和内在驱动力，使文化服务业的社会效益和经济效益协同发展，并体现社会效益优先。

（二）文化制造业是促进文化产业发展的主导产业

文化制造业的影响力系数和感应度系数均比较大，说明文化制造业对其他产业的影响程度较大，其他产业对文化制造业的依赖程度大，表明在未来经济发展的一定时期内，文化制造业依然是促进文化产业发展的重要基石，是我国文化经济发展的主导产业，是推动产业间有效合作的关键节点。但要注重提升文化制造业的创新能力，提高科技含量，提升体育制造业的产品附加值，加快发展市场潜力大、产业基础好、知识密集、科技含量高、竞争力强、带动作用强的新兴文化制造业，加强产品研发和营销，提高投资的有效性，完善优化现代文化制造体系，使文化制造业向产业链高端持续攀升，同时带动其他产业的充分发展，促进国民经济的发展。

第二节 体育产业与文化产业融合发展的实证分析

如今，随着经济的发展，人们的生活质量和生活平有了明显提高，体育产业逐渐进入大众生活。经济发展在社会公共关系中起着重要的作用，先进科学技术在体育领域的运用，体育产业的高额利润对促进技术革新和发展起到了显著作用。从国家发展战略视角分析体育产业与文化产业融合发展的重要性，一是促进体育产业与文化产业交叉渗透和相互重组，体育产业为文化产业的创新发展提供一个平台，文化产业也在融合、互动中促进体育产业的转型升级；二是体育文化产业的创新发展，在繁荣体育文化、传承体育精神、创新体育产业发展模式等方面发挥重要作用，有利于进一步优化体育产业发展模式，推动体育产业与文化产业融合，实现产业多元化发展。为促进体育产业与文化产业的融合发展，凸显文化元素，构建体育产业与文化产业评价指标体系，并运用熵权法和耦合协调度模型，对我国体育产业与文化产业融合发水平进行评价。

一、指标选取与模型构建

（一）指标选取与数据来源

由于我国体育产业相关统计数据的缺乏等原因，学界对我国体育产业和文化产业融合发展的研究较多集中在定性研究，而从定量视角进行的研究相对较少，尤其是体育产业和文化产业融合发展的定量研究文献相对缺乏。为了弥补这一不足，目前依托我国体育产业与文化产业发展的实际，在前人研究的基础上，体育产业系统选取体育产业规模、体育产业结构、体育产业基础3个二级指标，包含X_1-X_9共9个三级指标；文化产业系统选取文化产业规模、经营效益、服务能力和机构数量4个二级指标，含Y_1-Y_{14}共14个三级指标（见表4-7）。各组数据来源历年《中国文化及相关产业统计年鉴》《中国文化文物统计年鉴》《中国文化和旅游统计年鉴》，国家统计局、文化和旅游部、国家体育总局发布的统计公报、年度报告，以及《全国体育产业工作报告》等资料，对相关数据进行整理和计算得到各指标的原始数据。

表4-7 体育产业与文化产业评价指标体系

一级指标	二级指标	单位	指标性质
体育产业规模	体育产业增加值 (X_1)	亿元	+
	体育系统机构数 (X_2)	个	+
	体育系统人员数 (X_3)	人	+
	体育产业增加值占 GDP 比重 (X_4)	%	+
体育产业结构	体育服务业增加值占体育产业增加值比重 (X_5)	亿元%	+
	体育用品制造业增加值占体育产业增加值比重 (X_6)	亿元%	+
	体育场地设施建设增加值占体育产业增加值比重 (X_7)	亿元%	+
体育产业基础	人均体育场地面积 (X_8)	平方米	+
	体育固定资产投资 (X_9)	亿元	+
文化产业规模	文化产业增加值 (Y_1)	亿元	+
	文化产业增加值占 GDP 比重 (Y_2)	%	+
	文化单位机构数 (Y_3)	万个	+
	文化产业从业人员 (Y_4)	万人	+
经营效益	文化事业费 (Y_5)	亿元	+
	艺术表演团体演出收入 (Y_6)	万元	+
	博物馆门票收入 (Y_7)	万元	+
	公共图书馆收入 (Y_8)	万元	+
	文化市场经营机构营业收入 (Y_9)	万元	+
	群众文化机构收入 (Y_{10})	万元	+
服务能力	艺术表演团体演出观众人次 (Y_{11})	万人次	+
	博物馆参观人次 (Y_{12})	万人次	+
	公共图书馆流通人次 (Y_{13})	万人次	+
	群众文化机构服务人次 (Y_{14})	万人次	+

（二）数据处理

由于各指标的重要性程度存在偏差，因此，采用熵权法对各指标进行赋权。具体方法如下：

1. 无量纲化和无零化处理

由于各指标数据的单位、类型各不相同，无法直接进行运算，因此，首先对初始数据进行无量纲化处理。本书选用指标均为正效用指标（+），即指标数值越大，表示该指标发展得越好。为避免 0 值出现，对数据进行了无零化处理，为使对数据的影响尽量降到最小，所有数据加 0.0001，得体育产业和文化产业指标 X_{ij} 的无量纲值 X_{ij}（见表4-8）。

表4-8 体育产业和文化产业指标无量纲化一览表（X_{ij}）

		2012	2013	2014	2015	2016	2017	2018	2019
体育产业	X_1	0.0001	0.0528	0.1117	0.2908	0.4117	0.5765	0.8559	1.0001
	X_2	0.0001	0.9225	1.0001	0.8312	0.8220	0.8859	0.4202	0.2558
	X_3	1.0001	0.4858	0.2020	0.2621	0.1611	0.1132	0.0001	0.1974
	X_4	0.0001	0.0415	0.0578	0.3681	0.4961	0.6348	0.9613	1.0001
	X_5	0.0299	0.0151	0.0001	0.4578	0.6278	0.6835	0.9151	1.0001
	X_6	0.9452	0.9514	1.0001	0.6069	0.4230	0.3495	0.1012	0.0001
	X_7	0.9216	1.0001	0.7215	0.0001	0.0519	0.1814	0.2332	0.3367
	X_8	0.0001	0.2956	0.3410	0.4206	0.4206	0.5228	0.7501	1.0001
	X_9	0.0001	0.1426	0.1430	0.1361	0.4108	0.6847	0.9374	1.0001
文化产业	Y_1	0.0001	0.1411	0.2401	0.3402	0.4720	0.6442	0.8574	1.0001
	Y_2	0.0001	0.2798	0.3815	0.5001	0.6442	0.7628	0.9493	1.0001
	Y_3	0.2232	0.1411	0.0001	0.3001	0.5950	1.0001	0.4539	0.0616
	Y_4	0.1309	0.2704	0.0001	0.5742	0.6952	1.0001	0.8904	0.8445
	Y_5	0.0001	0.0862	0.1768	0.3469	0.4969	0.6424	0.7664	1.0001
	Y_6	0.0001	0.1068	0.1312	0.3381	0.7571	0.9480	1.0001	0.7108
	Y_7	0.0001	0.0011	0.0170	0.0164	0.0399	0.2732	1.0001	0.0934
	Y_8	0.0001	0.1639	0.2319	0.3916	0.5418	0.8784	0.9089	1.0001
	Y_9	0.0804	0.0001	0.0298	0.1926	0.3772	1.0001	0.5445	0.8551
	Y_{10}	0.0001	0.1386	0.2901	0.4039	0.5299	0.6992	0.9718	1.0001
	Y_{11}	0.0001	0.1327	0.1501	0.2374	0.6453	0.7658	1.0001	0.7344
	Y_{12}	0.0001	0.1321	0.2754	0.3889	0.5134	0.7304	0.8600	1.0001
	Y_{13}	0.0001	0.1242	0.2057	0.3311	0.4841	0.6642	0.8266	1.0001
	Y_{14}	0.0001	0.0040	0.1913	0.3113	0.3998	0.5744	0.7647	1.0001

其计算公式：

$$X'_{ij}=\frac{X_{ij}-X_{min}}{X_{max}-X_{min}}+0.0001 \quad （1）$$

其中，X_{ij} 为第 i 年的第 j 个指标，X_{max} 为指标 j 的最大值，X_{min} 为指标 j 的最小值。

2. 确定指标权重

运用熵权法计算各指标的比重、相对信息熵、差异系数，进而求出各指标的权重（见表4-9）。

表4-9　各项指标权重表

		h_j	a_j	W_j
体育产业	X_1	0.8038	0.1962	0.1258
	X_2	0.9003	0.0997	0.0639
	X_3	0.8000	0.2000	0.1283
	X_4	0.7916	0.2084	0.1337
	X_5	0.7826	0.2174	0.1394
	X_6	0.8603	0.1397	0.0896
	X_7	0.8017	0.1983	0.1272
	X_8	0.8936	0.1064	0.0682
	X_9	0.8069	0.1931	0.1239
文化产业	Y_1	0.8571	0.1429	0.0550
	Y_2	0.8966	0.1034	0.0398
	Y_3	0.8049	0.1951	0.0751
	Y_4	0.8701	0.1299	0.0500
	Y_5	0.8401	0.1599	0.0616
	Y_6	0.8316	0.1684	0.0648
	Y_7	0.4590	0.5410	0.2082
	Y_8	0.8599	0.1401	0.0539
	Y_9	0.7686	0.2314	0.0890
	Y_{10}	0.8632	0.1368	0.0527
	Y_{11}	0.8357	0.1643	0.0632
	Y_{12}	0.8632	0.1368	0.0527
	Y_{13}	0.8498	0.1502	0.0578
	Y_{14}	0.8022	0.1978	0.0762

具体步骤如下：

（1）计算第 i 年 j 指标的比重 S_{ij}

$$S_{ij}=X'_{ij}\bigg/\sum_{i=1}^{n}X'_{ij} \quad (2)$$

（2）计算第 j 项指标的熵权 h_j

$$h_j=-\frac{1}{\ln m}\sum_{i=1}^{m}s_{ij}\ln s_{ij}\ (0<h_j<1) \quad (3)$$

（3）计算第 j 项指标的差异系数 a_j

$$a_j=1-h_j \quad (4)$$

（4）确定 j 指标的权重 W_j

$$w_j=\alpha_j\bigg/\sum_{j=1}^{n}\alpha_j \quad (5)$$

3. 综合发展水平

建立体育产业和文化产业综合评价函数，利用加权法计算第 i 年的体育产业和文化产业综合发展水平指数。

$$U_{1,2}=\sum_{i=1}^{m}W_j*X'_{ij} \quad (6)$$

其中，U_1、U_2 分别表示体育产业和文化产业的综合发展水平指数，数值越大，表示该产业发展越好。

（三）耦合关联度模型

体育产业和文化产业的耦合关联度是两个系统在空间上共同促进、共同发展的关联程度，是两者相互作用影响程度的定量指标，在于通过耦合关联系数，来评价两大系统的耦合协调关系和程度[1]，耦合关联度模型：

$$C=\sqrt{U_1U_2/(U_1+U_2)^2} \quad (7)$$

---

[1] 邓波，张林栗.产城融合视角下工业园区发展规模预测与分析[J].企业经济，2015（6）：178—183.

其中，C 表示体育产业和文化产业两个系统之间的耦合关联度，值越大，则耦合作用越强，具体参见表4-10[1]。

（四）耦合协调发展度模型

耦合关联度（C）是系统之间静态的耦合程度，不能反映系统之间动态的发展水平。耦合协调发展模型从时间发展的角度，来反映体育产业与文化产业之间协调发展水平状况，耦合协调发展模型公式：

$$D=\sqrt{C \times T} \quad T= \alpha U_1 + \beta U_2 \quad (8)$$

T 表示体育产业—文化产业耦合协调发展指数，α、β 为待定系数，$\alpha + \beta =1$，体育产业和文化产业在耦合系统中，两者的关系是同等重要的，因此，借鉴前人研究和研究惯例，赋 $\alpha = \beta =0.5$。耦合协调发展度等级类型划分见表4-10[2]。

表4-10 耦合协调度发展等级类型

耦合度区间	耦合等级	耦合协调度区间	耦合协调度等级	发展阶段
（0，0.3）	低水平耦合	（0，0.1）	极度失调	
		（0.1，0.2）	严重失调	
		（0.2，0.3）	中度失调	失调阶段
（0.3，0.5）	拮抗	（0.3，0.4）	轻度失调	
		（0.4，0.5）	濒临失调	
		（0.5，0.6）	勉强协调	
（0.5，0.8）	磨合	（0.6，0.7）	初级协调	
		（0.7，0.8）	中级协调	协调阶段
（0.8，1.0）	高水平耦合	（0.8，0.9）	良好协调	
		（0.9，1.0）	优质协调	

---

[1] 杨光明，罗垚，陈也，等.川渝地区浓郁与旅游业耦合协调机理及优化研究——基于灰色系统理论[J].资源开发与市场，2021，37（8）：991—997.

[2] 孙长城，张凤太，安佑志，等.旅游业与新型城镇化耦合协调动态关系研究——以成渝地区双城经济圈为例[J].资源开发与市场，2021.37（3）：372—379.

三、我国体育产业与文化产业耦合模型构建

体育产业与文化产业的融合发展是一个动态演化的过程，运用耦合协调模型，对我国体育产业与文化产业的综合发展水平指数、耦合关联度、耦合协调发展度进行测算，从整体上把握体育产业与文化产业在不同发展阶段的融合程度。

（一）综合发展水平分析

"十一五"期间，我国体育产业增加值从982.89亿元，增长到和"十一五"末的2220.12亿元，年均增长率达到了22.6%。"十二五"期间，增长率为19.6%，增速变缓。从图4-4可以看出，除体育产业综合发展水平在2013年有小幅回落外，总体上呈现缓慢平稳增长趋势。自2014年国发〔2014〕46号文颁布以来，体育产业发展势头强劲，增长速度较快，从2014年至2019年，体育产业综合发展水平指数从0.3340增长至0.6756，增长了2倍之多，年均增长率为15.1%。

文化产业除2017年出现急剧性跃升以外，综合发展水平指数总体上呈现快速增长趋势，从2012年的0.0319增长至2019年的0.7494，增长了23倍之多，年均增长率高达57.0%。2012—2014年增长平稳，2014年以后增长迅速，2018年增长有所减缓，但仍保持平稳增长趋势。与体育产业相比较，在2014年之前，体育产业综合发展水平远高于文化产业综合发展水平，此后体育产业增速变缓，文化产业继续保持高速增长，于2015年基本和体育产业持平，2016年首次超越体育产业，并一直保持高于体育产业发展的势头。文化产业增长的幅度，其增长潜力更大，2018年以后，文化产业和体育产业的增长走向趋于相同（见表4-11，图4-4）。

表 4-11　我国体育产业—文化产业耦合协调发展度一览表

	U_1	U_2	T	C	D	耦合协调等级
2012	0.3344	0.0319	0.1832	0.2821	0.2273	中度失调
2013	0.3859	0.0983	0.2421	0.4023	0.3121	轻度失调
2014	0.3340	0.1445	0.2393	0.4591	0.3314	轻度失调
2015	0.3363	0.2911	0.3137	0.4987	0.3955	轻度失调
2016	0.4029	0.4686	0.4358	0.4986	0.4661	濒临失调
2017	0.4987	0.8373	0.668	0.4837	0.5684	勉强协调
2018	0.5967	0.6597	0.6282	0.4994	0.5601	勉强协调
2019	0.6756	0.7494	0.7125	0.4993	0.5965	勉强协调

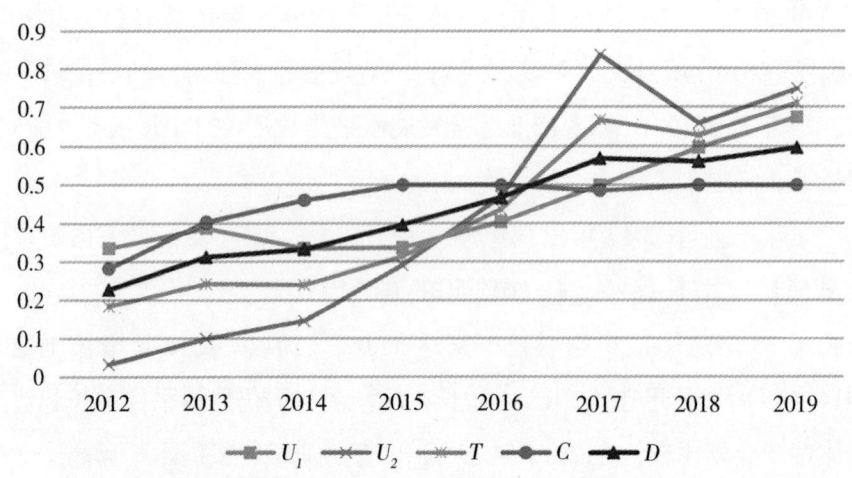

图 4-4　我国体育产业—文化产业综合发展水平与耦合协调发展动态趋势图

（二）耦合关联度分析

耦合关联度是反映体育产业—文化产业相互影响程度的指标，其值越大，说明相互影响作用越强，耦合性越好。我国体育产业—文化产业耦合关联度稳步提升，2012 年，耦合关联度小于 0.3，为低水平耦合，表明两大产业逐步发生关联。2013—2019 年，耦合关联度均在 0.4～0.5，为拮抗耦合，两大产业互相影响的程度继续深化。从 2015 年起，我国体育产业—文化产业耦合关联度一度接近 0.5，表明体育产业—文化产业的耦合关联度虽然依然较低，但有向磨合耦合转变的趋势（见表 4-11，图 4-4）。

（三）耦合协调发展度分析

整体来看，我国体育产业—文化产业耦合协调发展度呈现大幅提升的态势，年均增长率达到了 14.8%，2012—2016 年，体育产业—文化产业耦合协调度在 0.2 ~ 0.5，历经中度失调、轻度失调和濒临失调三个发展阶段。2017—2019 年，耦合协调度在 0.5 ~ 0.6，处于勉强协调阶段。虽然我国体育产业与文化产业的融合协调水平依然较低，但耦合协调度有了明显提升，并且实现了从失调阶段向协调阶段的跨越，表明两大产业系统由互相牵制的状态逐渐向互相融合的态势转变，两大产业融合的提升空间较大，进一步深入融合的走向较为明显。

第三节　体育产业与文化产业的融合发展对策建议

近年来，体育产业与文化产业融合发展态势良好，尤其是以北京冬奥会为契机，国内建设了一批大型滑雪场馆与场地设施、体育文化中心场馆和体育赛事品牌等项目，体育产业与文化产业融合发展，拉动社会消费，取得了较好的经济效益与社会效益。

一、提升产业融合内涵，打造品牌赛事

创新是产业融合发展的内在驱动力，提升文化内涵，厚植体育产业发展中的文化元素，打造有影响力的体育文化品牌。

（一）加强体育非物质文化遗产的保护与开发

产业融合要以保护体育非物质文化遗产和民俗体育为基础，充分挖掘其社会功能、经济功能和文化功能，以满足人们日益增长的精神文化需求。在保护的前提下，注重文化的创造性转化和创新性发展，形成集知识性、娱乐性和经济性于一体的、具有地方特色和民族特征的体育文化旅游、体育文化创意产业，从而促进消费者积极参与消费，领略和感悟体育文化的独特魅力，体悟顽强拼搏的体育精神，彰显体育文化的时代价值，增强体育文化的持久吸引力。

（二）开展形式多样的赛事活动

文化底蕴深厚，内涵博大精深的传统体育项目，为体育赛事活动的开展，提供了丰富的传统文化资源。通过体育文化赛事的策划，把中华体育精神的家国情怀与现代奥林匹克精神相融合，助推体育文化产业插上腾飞的翅膀。如在历史文化名城举办马拉松赛事，在保护好文化名胜古迹的同时，可以把名山大川设为比赛路线，"研讨赛事的开放性，吸引更多民众参与活动"[①]，借此大力发展体育旅游业。

二、完善立法体制机制，推动产业融合法律法规制定工作

体育产业与文化产业融合就是达到合作共赢的目的，以社会主义市场经济理论为指导，逐步完善两大产业协同发展机制。国家要拟定产业融合的法律法规，相关各部门加强研究，要做好立法工作，推进产业融合科学立法，有利于两大产业协同、持续发展，进一步创设深层合作、互利互惠和共赢共享新格局。首先，立法部门要深入了解制约产业融合的瓶颈，抓住"卡脖子"问题，对法律法规进行细化，以增强法律法规的有效性和适用性；其次，要形成切实可行的激励制度，为产业融合提

---

① 张金桥，王健.论体育产业与文化产业的融合发展［J］.上海体育学院学报，2012（05）：44.

供资金支持和政策保障，以调动企业、集体和个人进行产业融合的积极性，共谋经济发展；最后，要建立奖惩制度，依法严厉处罚产业发展过程中的违法行为，以维护参与者的合法利益，创造宽严并济的法律环境，促进两大产业更好更快发展。

三、发挥平台融合资源优势，推进体育产业与文化产业融合发展路径

"只有民族的，才是世界的"，文化特有的开放性和包容性，使文化的多元价值日益凸显，体育文化也呈现出了多样化的时代特征。但当前我国体育文化产业的发展，面临着传统与现代的博弈，以传统体育项目为载体的传统体育文化和以现代竞技项目为依托的现代体育文化，如何在体育产业与文化产业的融合发展中，既能保持传统体育文化的独特性，又能兼容现代体育文化的时代性，进行文化的传承和坚守，是构建文化新生态的价值追求。因此，体育产业与文化产业融合要搭建良好的资源融合平台，集中优势体育文化资源，充分挖掘国内外文化资源，借助新媒体技术，打造媒体联动的高水平资源共享平台，实现优质资源的互利共享，推动提高新媒体平台的传播力和影响力，促进中外体育文化多方位、多渠道的交流[①]。

四、人才合育，助力产业融合发展

人才是助推体育产业与文化产业融合发展的第一资源，是推动两大产业资源高效协同发展的助推剂。我国十分重视对相关产业专业人才的培育，充分发挥政府在人才培育中的主导作用，出台吸引人才的相关政

---

① 徐娆娆.“一带一路”倡议下体育产业与文化产业融合发展的新路径[J].鞍山师范学院学报，2018（04）：93.

策，尽可能地利用好人才虹吸效应，建立引才、聚才、留才、用才机制，出台相关育才政策，建立校企联合育才模式、产学研融合育才模式、订单式育才模式，培养既懂专业知识又懂经营管理的复合型人才，提升专业人才培育的积极性和针对性。政府要提供人才培育的专项资金、对相关培训单位实行税收优惠或减免，努力优化育人环境[①]。

五、部门协同，积极宣传推广产业融合发展

体育文化产业将成为国民经济的重要组成部分。体育产业中的多项分支产业，如体育健身休闲、体育竞赛表演、体育广播电视和体育动漫网游等都表现出文化产业的基本特点。因此，体育产业与文化产业的融合发展，充分调动国家体育总局、文化和旅游部、教育部、中央文明办和农业农村部等多部门，明确牵头部门，其他部门协办的形式，组织开展丰富多彩的体育文化活动，并大力宣传推广产业融合发展。

六、推动"两元素"融合，提升体育产业品牌竞争力

体育产业与文化产业融合发展在于体育元素与文化元素之间的相互渗透，逐步形成新型产业形态。体育产业主要包括体育服务业、体育用品及相关产品制造业、体育场地设施建设业三大类十一类小项。由于文化产业具有高附加值、资源低消耗以及环境污染小等优势，将文化创意融合到体育竞赛表演、体育健身休闲、体育传媒和信息服务、体育赛事旅游、体育产品和服务之中，打造文化附加值高的体育产品品牌和衍生品，进而提高体育产业的品牌竞争力。

---

① 张翰月.体育产业和文化产业融合研究：机制、路径、模式———以湖北省为例[J].湖北体育科技，2018（6）：491.

七、加大产业政策倾斜和财政支持力度

国家给予产业发展特殊扶持,包括产品免税、财政贴息、财政补助等。同时,金融部门认真研究体育文化产业相关政策,细分产业类目,寻找对接突破口,量身定制相应的金融产品和服务,尤其要扶持新兴体育文化产业,比如网络健身、移动多媒体等文化业态。此外,还要积极探索文体企业金融服务绿色通道,比如开展文化创意等无形资产抵押贷款等金融服务,鼓励相关企业寻求资金支持,破解资金难题[①]。

第四节 体育产业与文化产业融合发展实证分析
——以公路自行车赛事为案例

一、项目背景与起源

自行车运动越来越受到大家的关注,参与人群越来越广,是一项以自行车作为工具进行比赛的体育运动。奥运会自行车项目分为场地自行车、山地自行车、公路自行车、自由式小轮车和小轮车竞速。1868 年,公路自行车比赛在巴黎的圣克劳德公园举行,这是有关自行车比赛的世界最早记录。1896 年,自行车比赛首次在第一届奥林匹克运动会雅典赛场亮相,成为奥运会重要比赛项目。1952 年,自行车比赛项目成为我国首届全军运动会比赛项目,比赛场地为田径场。1959 年,龙潭湖赛车场建成,这是我国第一个自行设计的自行车赛场,并于同年 8 月,举办了

---

① 关于加快体育产业与文化产业融合发展的提案内容及办理复文[EB/OL].(2013-03-01).https://wenku.baidu.com/view/7f74a1a749649b6649d7476d.html.

场地赛,从此,我国拥有了自己的、真正意义上的场地自行车比赛。世界各地的自行车赛事也在不断壮大和发展。历年来,大大小小的骑行比赛,掀起一波波自行车运动潮流,让人们意识到自行车运动产业的强劲潜力。骑行人群的迅速扩大是经济社会发展进入新阶段的结果,也为自行车产业发展提供了强大的支撑力,多方面推动自行车运动产业快速健康发展。

二、融合发展路径分析

社会的进步,经济的发展,使人们更加注重健康的生活方式和多样化的休闲娱乐方式。随着各地健身绿道的丰富,户外骑行运动,以一种全新的姿态进入人们的日常生活。一是依托大数据、多媒体等,实现骑行绿道地图的搜索功能、骑行碳能量积分奖励功能等,建立科技骑行平台,为人们的骑行提供智慧服务,既能满足骑行者欣赏沿途自然风光的需求,又能达到健身、乐心的目的,尽情享受骑行的乐趣。二是开发"4轮+2轮"的"汽车+自行车"组合出行方式,建设智慧停车场,方便停车,既解决了路途遥远、体力不支等问题,又能满足人们对郊区美景的向往,让其有充沛的体力享受骑行。三是通过举办各级各类自行车赛事活动,连接行业与车友,当下自行车赛事和骑行爱好者增多,对从业者的专业水平要求明显提高,作为自行车品牌生产商可以提供服务和技术方面的软指导,使自行车制造业的产业链延长。四是开发"旅游+自行车赛事"模式,搭建专业化服务平台,指导骑行爱好者遵守骑行规则和降低骑行风险。

三、融合发展成果分析

随着户外骑行的盛行,"旅游+自行车赛事"模式,丰富了大众的体育生活方式，助推全民健身打开更广阔的发展空间。国内职业和业余自行车赛事蓬勃开展，建立了大数据平台，为赛事申办、赛事报名、会员管理、成绩查询等提供专业的服务，赛事在组织、运营、宣传等方面取得了长足的进步，积累了丰富的经验。但也更应该关注环境保护，充分考量赛事和环境的关系，力争绿色办赛和参赛。公路自行车赛事带动了城市建设发展，一些城市功能逐渐完善，带动了旅游业、餐饮业、酒店业等相关产业，一些服务行业能力与水平有了明显提升，为赛事的顺利进行奠定基础，带动地方旅游业迅猛发展。

四、融合模式总结

在自行车运动中融合自然和人文景观，营造和发展集运动、休闲、娱乐、游览于一体的骑行文化，倡导低碳出行的环保理念，打造远离城市繁忙与喧嚣的休闲生活方式。通过赛事、旅游、休闲等多样化的形式，激活自行车运动所蕴含的商业价值、文化价值和健身价值，壮大自行车消费市场，释放自行车经济的活力。

第五章　体育产业与旅游产业融合发展

进入新时代，国民对幸福生活的向往逐年增强，体育产业与旅游产业的融合也逐步增强，旅游产业对国民经济贡献度不断提升。国家颁布了相关扶持政策以提高体育产业与旅游产业的融合，加快推进体育旅游新产业发展。2016年，国家体育总局和国家旅游局签署了《关于推进体育旅游融合发展的合作协议》，提出将多元投资与体育旅游发展相融合，探究更深层次的多元投融资体制。目前，我国体育产业与旅游产业融合发展的趋向进一步明显，尤其是对于体育产业与旅游产业融合发展、创新升级的研究，对社会进步、人类文明的健康发展具有重要理论意义与实践意义。

第一节　体育产业与旅游产业融合发展的效应分析

融合互动是产业集成的一种有效形式，各个产业相互交融的地带容易发现更有意义、更有创新的产品，有利于产业之间互利共赢，形成多重效应。体育产业与旅游产业交叉渗透而产生的一个新领域，有利于拓宽体育产业发展渠道，对促进旅游产业的产品升级具有积极作用。

一、产业融合对体育产业的效应分析

（一）提高产业整体实力

体育产业与旅游产业融合发展有助于提高体育产业的整体价值。二者资源将会进一步融合，进一步探索二者产品结合的关键点，以实现体育产业与旅游产业的有效对接，进而增加体育产业的产品活力。体育的显性价值引导消费者进行消费行为，对产业整体实力的增加具有不可忽视的作用，而深厚的隐形价值有助于提升旅游品位，进而有助于提升体育产业整体实力。

（二）打造体育文化品牌

体育产业与旅游产业融合不仅体现在体育产业价值的增长，也在体育文化品牌方面具有充分的表现力，有利于扩大体育产品的知名度。目前，体育产业与旅游产业正面临转型升级和提质增效的挑战，旅游产业具有强大的游客效应，体育产业具备强大的品牌效应，两大产业融合发展能够加快打造特色体育旅游品牌。

二、产业融合对旅游产业的效应分析

（一）拓展旅游产业的外延

随着社会经济的发展，人们生活水平的提高，游客的需求也发生了转变，体验式和参与性旅游逐渐发展成为现代旅游的新话题。文化是最好的旅游资源，旅游市场拓宽了旅游资源的范围，体育旅游产业由此应运而生。体育旅游的目的是不断满足游客的各种需求，极大地拓展了旅游产业的外延，丰富了游客的需求，尤其是具备一定经济基础、喜欢新鲜事物的人。

（二）加速旅游产业转型升级

以前，旅游产业主要依靠区域位置、良好的自然资源和庞大的市场需求。随着现代旅游产业的快速发展，旅游市场发生了改变，原有的基础资源优势已不等于经济发展的优势。产业融合是旅游产业发展的天然属性，创新融合是旅游产业高质量发展和转型升级的必然要求。从本质上来讲，旅游产业是富民产业、绿色产业和朝阳产业，也属于综合性产业。体育产业和旅游产业具有资源互通、市场共享、服务协作的特点，关联性很强，二者的融合发展，推动了体育旅游产业的生态发展和协同创新。

三、产业融合对体育产业和旅游产业的共生效应分析

（一）重塑产业价值链

当前，依据产业价值链的分析可知，产业融合的核心主体是在产品设计、产品开发、产品销售以及产品消费四个阶段。其中产品设计是产业融合的基础，产品开发是产业融合的核心，产品营销是产业融合的手段，产品消费是产业融合的效果[①]。

（二）引导产业集群创新发展

产业集群是产业组织发展的主要特征之一，体育旅游产业集群是体育旅游产业在一定区域空间内不断集聚，具备一定的核心吸引力。体育旅游企业和体育旅游相关部门通过建立密切的联系，都是为了一个共同的目标而一起努力，从根本上提升自身的竞争力[②]。两产业融合发展构建了复合型的产品价值链，实现了产业集群协同创新发展，产生了强大的经济效益和社会效益。

---

① 温美龄.体育产业和旅游产业融合路径研究[J].体育成人教育学刊,2017,33(04):22—24,43.

② 杨明,王新平,王龙飞.中国体育旅游产业集群研究[J].武汉体育学院学报,2009,43(01):37—42.

第二节 体育产业与旅游产业融合发展的对策

一、推进体制机制创新，促进协同发展

政府要从产业融合量的增长转变为产业融合质的提升，加大政府财政投入力度，推动产业融合创新，提高企业核心竞争力，优化产业结构，提速产业融合转型升级。充分发挥"政府搭台、企业唱戏"的功能，发挥企业市场主导作用，尊重企业市场主体地位，发挥市场调节作用，进一步深化体育产业和旅游产业体制机制改革，扎实推进现代企业管理制度，推动体育产业和旅游产业间的重组合作整合，促进体育旅游企业的建设。当然，产业融合发展，政府要根据产业布局规划进行引导，对于符合产业融合发展的项目给予政策支持，帮助企业扫清一些老旧政策障碍，创造公平的竞争环境，尊重融合过程中企业的市场主体地位，为企业创造健康、良好的发展环境，提供持续、稳定的政策保障措施，激发企业的内生动力，促进自主发展。

推进相关部门协作发展，建立协同推进的工作机制。体育部门和旅游管理部门要多沟通协作，尤其在体育产业与旅游产业融合发展的目标、发展定位、发展规划、产业政策、投资项目，以及宣传推广等工作方面建立起相互支持、协同发展的工作机制。共谋实现产业融合目标的发展战略、保障措施，共同探索适合体育产业与旅游产业协同发展的有效路径，不断促进文化、体育产业与旅游产业的深度融合发展。

二、完善认证制度，提升监管质量

加快各类体育旅游产业标准制定工作，完善相关服务质量认证制度。制定并严格执行体育旅游项目设施安全标准、人员服务标准、风险预警标准、医疗救护标准。例如，体育赛事旅游的标准和服务质量认证制度、体育主题公园的标准和服务质量认证制度、运动休闲小镇的标准和服务质量认证制度等。在制定标准的过程中，要确保新标准与体育产业、旅游产业原有相关标准融合，避免出现新旧标准冲突的情况。建立权责明确、执法有力、行为规范、保障有效的全方位、多层次、立体化的体育旅游市场综合监管体系，形成公平竞争的市场环境，既能为体育旅游产业创造宽广的发展空间，又能切实保障消费者的合法权益，保障体育产业与旅游产业良性融合和健康发展。

三、拓展体育企业能力，打造优质体育产品

企业能力的强弱直接影响产业融合的速率与成效。资本运营可以激活资本要素，提高资源配置效率，实现经济增长方式的转变，提高经济发展速度，壮大企业规模。目前，我国的一些体育企业已迈出对旅游企业进行并购、重组的步伐，但没有形成具有一定竞争力的企业集团。采取多种资本运营方式，促使优势企业高效利用体育旅游资源，开展集团化经营。

2022年北京冬奥会结束后，体育产业与旅游产业围绕全民健身运动蓬勃开展和体育旅游产业转型升级中的历史机遇期。开发多元化的体育旅游产品，优化体育服务体系，挖掘特色文化资源和文化内涵，打造地域文化品牌特色，借鉴国外的先进经验，打造"精品赛事观战之旅""冰雪运动体验之旅""冬奥长城冰雪游""亲子运动欢乐之旅""风景名

胜徒步之旅""体育休闲养生之旅",以及"民族体育研学之旅"等精品旅游项目[①]。

四、加大体育旅游的宣传力度,扩大体育消费市场

搭建体育旅游发展的宣传平台,进一步拓宽体育旅游消费市场,包括网站、微信公众号、微博、QQ等软件平台,微电影、专题片和宣传片等视频制作,以及宣传画、报纸、期刊、宣传折页、明信片等纸质载体。设计不同类型体育旅游项目的标识导向系统和宣传口号,制作品牌形象宣传片,编制全国各地的体育旅游地图,展示各地的体育旅游精品案例,充实中国国际旅游交易会、中国旅游产业博览会、中国国际旅游商品博览会等大型展会中的体育旅游内容,组织更多的体育旅游企业参展。从消费观念、产品知识及民众的生活方式等角度对体育旅游融合型产品进行宣传和推广,利用创造性营销思维、营销创新与科技,以及体验营销手段,向消费者传递明确的消费主张,对消费者进行引导,使其认识到体育旅游品牌的价值。

五、加强人才培养,提升人才规模

体育旅游是体育与旅游相结合的产物,以市场为导向,以旅游综合服务为基础,以休闲体育项目为特色,加强体育旅游专业人才队伍的培养与教育,引导高等院校设置体育旅游专业发展方向,面向国家体育旅游人才需求,制订体育旅游人才培养方案,加快培养体育旅游行业管理、市场开发与营销、项目策划与运营、休闲运动咨询与培训等综合实践能力的应用型人才。国家支持高等院校发展体育旅游专业教育,扩大体育

---

① 鲍明晓.贯彻落实国务院加快发展体育产业意见,加快发展我国体育旅游业[J].体育文化导刊,2015(03):109—111,126.

旅游专业技能人才培养，如旅行社导游、户外领队、熟悉指导、擅长经营、熟悉智慧体育等人才。政府扶持旅游业发展，由体育旅游学校牵头，实施体育旅游人才培训，提高其管理和服务水平。

加强体育旅游学校与体育企业合作，聘请体育旅游企业高级管理人员担任院校的实践导师，指导理论教学。体育旅游企业高级管理人员要熟悉行业规则与未来发展趋势，具有一定的体育企业管理与运营经验，弥补高校体育旅游专职教师实践经验不足等问题。体育旅游院校和体育旅游企业可以在专业设置、课程教学、实践教学、课题研究等多领域开展合作，促进体育旅游人才培养。通过多渠道引进体育旅游筹划、规划、经营、管理、营销等专业人才，起到引领与带动作用，建立体育产业与旅游产业融合发展需要的人才队伍，提升体育旅游人才培养的数量和质量。

六、发挥地域特色资源优势，开发多元化产品

发挥我国自然资源和人文资源优势，挖掘人文资源优势与体育旅游的契合点，将体育旅游的特色产品和配套服务相融合，创造出多元化的体育旅游产品和新型业态。从而激发产业创新活力，刺激体育消费热点，延长体育旅游产业链，提升体育旅游附加值，加强"体育产业＋旅游产业"的统筹规划，注重政策协同和部门发力，切实发挥要素最大效益，推动体育旅游产业提质增效。

第三节　体育产业与旅游产业融合发展的实证分析
——以黑龙江冰雪旅游为案例

一、项目背景与起源

以 2022 年北京冬奥会为契机，我国冰雪旅游业迎来了新的发展机遇。2019 年，中共中央办公厅、国务院办公厅印发的《关于以 2022 年北京冬奥会为契机大力发展冰雪运动的意见》中提出："加快发展冰雪健身休闲产业，推动冰雪旅游产业发展，促进冰雪产业与相关产业深度融合，提供多样化产品和服务[①]。"冰雪体育旅游作为黑龙江省旅游产业中的一个新亮点，开展冰雪运动，满足人们对冰雪旅游的消费需求，促进黑龙江省经济高质量发展。

目前，黑龙江省发展和改革委员会制定了《黑龙江省冰天雪地也是金山银山实践地建设规划》。近年来，《黑龙江省冰雪旅游专项规划》《黑龙江省冰雪旅游产业发展规划（2020—2030 年）》也陆续出台，黑龙江成为全国冰雪旅游市场发展的前沿。

滑雪是冰雪文化产业的重要内容，也是近年来深受游客青睐的冬季休闲运动，黑龙江省是我国北方地区滑雪的主要起源地，得天独厚的自然条件吸引了众多滑雪爱好者。1980 年，亚布力滑雪场建成，由黑龙江省体育运动委员会主管，主要由高山滑雪场、自由式滑雪场、跳台滑雪场、越野滑雪场，以及冬季两项滑雪场五个竞技训练场地和两个旅游滑

[①] 关于以 2022 年北京冬奥会为契机大力发展冰雪运动的意见[M]. 北京：人民出版社，2019：8.

雪场组成。亚布力滑雪场分为两大滑雪区域：一是亚布力竞技滑雪场，主要承办国际国内体育赛事，供中级、高级滑雪水平的滑雪者使用；二是风车山庄滑雪场，主要是供不同水平的滑雪者进行旅游滑雪和一般性竞赛滑雪。亚布力滑雪场打造"以冰雪文化为基础，以冰雪活动为引领，以冰雪赛事为主线"的新模式，已经成为独具特色的冰雪旅游品牌，彰显出强大的生命力和国际影响力，拉开了体育产业与旅游产业融合发展的序幕。

二、融合发展路径分析

以冰雪资源为中心的会展业、文化旅游业和赛事培训行业成为带动冰雪旅游业转型升级的抓手。

（一）资源融合路径

黑龙江省拥有独特的旅游资源，在资源融合的过程中，深挖冰雪文化，把独特的冰雪资源注入黑龙江省体育旅游之中，彰显体育与美景相结合，增添了冰雪旅游独特魅力。

（二）核心技术融合

体育产业和旅游产业属于协同开发范畴，尤其在核心技术等方面具有一定的通用性。在产业融合过程中，黑龙江省冰雪旅游产业对类似技术进行复用，防止出现耗费行为。核心技术为体育产业和旅游产业融合提供了良好的技术支撑，有效提升了产业融合发展的速度。

（三）市场一体化路径

体育产业和旅游产业处于关联性较弱的市场环境，由于体育产业与旅游产业融合产品消费需求，需要打破体育产业与旅游产业两者僵硬的市场环境。从而谋求一种纽带连接体育产业市场和旅游产业市场，对产业融合市场供给变化及时做出反应。

三、融合发展成果分析

"夏有清凉冬有雪"的黑龙江森工林区,正在实现资源优势向经济优势、发展优势的转变,实践着"冰天雪地也是金山银山"的战略思想。2016年林区累计接待游客1100万人次,同比增加13.8%,旅游业产值完成19.6亿元,同比增长26.1%。旅游业拉动林下经济蓬勃发展,种植养殖业产值完成32.9亿元,同比增长18.4%;森林食品业产值完成20.9亿元,同比增长10.1%。据统计,自2017—2018年冰雪旅游季以来,森工冬季景区累计接待184万人次,较2016年同期增长15.71%,累计收入21992万元,增长28.07%,冰雪旅游日渐升温,业界纷纷推出冰雪旅游产品,吸引更多人参与冰雪旅游。

四、融合模式总结

体育产业融合的内在动力是产业间的关联度和效益最大化的利益驱动,体育产业与旅游产业之间具有一定的相关因素,包括产品技术创新、企业管理创新以及市场需求拉动,体育产业与旅游产业之间进行产品、业务与市场的深度融合,从而导致体育产业与旅游产业间的边界逐渐模糊不清,不断产生新的产业。

第六章　体育产业与健康产业融合发展

健康是人类永恒的追求，也是社会文明进步的一个重要标志。如今，健康产业上升为全世界关注的焦点，成为互联网产业后的第五次财富浪潮。中国是一个拥有14亿人口的大国，既是生产大国，也是消费大国，如何营造一个健康有序的行业发展环境，积极引导和培养国民的健康意识，传递全民健康的正能量，显得尤为重要。党的十八大报告强调，健康是人的全面发展的必然要求。因为人类健康是社会经济发展的一个源泉，也是社会经济发展的一个主要目的，所以我国一直把健康作为国家建设发展目标。健康产业在一些发达国家成为推动国民经济增长的驱动力，其增加值占GDP比重超过15%，而我国的健康产业占比不足8%，市场增长空间很大；美国的健康产业超过3万亿美元，我国还不到1万亿美元，我国人口超过13亿，美国人口3亿多，由此预测我国健康产业的市场发展潜力巨大[1]。

随着经济社会的发展，人们生活水平不断提高，人口老龄化程度日益加剧，生活垃圾产生量迅速增长，环境隐患较为突出，已经成为新型城镇化发展的制约因素。基于此，党和政府采取一系列保障和改善民生的措施，不断满足人民日益增长的美好生活需要，提升我国健康产业发展的空间。随着民众健康诉求的提升，体育产业基本上满足了民众非医疗健康服务需求，弥补了医疗卫生在健康产业上的不足，

---

[1] 王宗继：推进健康产业发展　培育经济新增长点［EB/OL］.（2017-03-01）.http://www.81.cn/2017qglh/2017-03/01/content_7508393.htm.

它具有关联性强、产业链长、基础性强和辐射面广的优势，主动融入健康中国建设，发挥在健康中国建设中的作用。体育产业作为新兴产业，已经成为我国经济的支柱性产业，总产值占 GDP 的 3%～5%，对就业的贡献也十分显著。2019 年，我国体育产业总规模达到 2.95 亿元，2020 年，全国体育产业规模有所下降，但仍保持 2.74 万亿元的总规模和 1.07 万亿元的增加值，增加值占 GDP 的 1.06%，参照发达国家的 3%～5%，我国体育产业发展依然潜力很大，预计 2025 年将达到 5 万亿的规模[1]。

第一节　体育产业与健康产业融合的作用

产业融合是经济发展的趋势，体育产业与健康产业之间相互渗透和相互融合，形成新型产业形态。2016 年，国务院印发了《"健康中国 2030"规划纲要》，文中提出积极促进健康与养老、旅游、互联网、健身休闲、食品融合，催生健康新产业、新业态、新模式[2]。体育产业与健康产业融合发展，促进了产业升级，不断增强产业竞争力，进一步打造新的经济增长点。

一、体育产业在健康中国建设中的作用

随着人们对健康需求的增强，体育产业能满足人们非医疗健康服务诉求，填补医疗卫生在健康促进上的一些短板。健康问题主要分为两方面：第一，怎样预防疾病；第二，怎样治疗疾病。前者属于健康保健、

---

[1] 江小涓. 中国体育产业：发展趋势及支柱地位［J］. 管理世界，2018（05）：1—9.
[2] 中共中央国务院. "健康中国 2030" 规划纲要［EB/OL］.（2016-10-25）.http://www.gov.cn/zhengce/2016-10/25/content_5124174.htm.

健康促进问题,后者属于健康恢复、健康维护问题。体育产业提供的产品与服务主要是"治未病",在疾病预防、干预和康复方面具有特有功效,处在健康产业的前端,为健康提供基础。健康中国建设是"民生"更是"国计",要全方位、全周期保障人民的健康[①]。因此,体育产业为人民健康提供多层次、多元化体育服务和产物,增进消费者的健康体验,丰富健康生活,提升健康价值,从而促进健康中国建设。

二、体育产业与健康产业融合发展的动因系统

体育产业与健康产业融合发展的动因系统主要由产业结构演变规律、技术创新与科技进步、消费结构趋向高级化、体育竞争与协作,以及政府的政策导向等构成,主要体现在以下几方面。

（一）需求拉动

健康是人民幸福的基础,是一个国家富强和社会进步的重要标志。随着我国经济规模不断扩大,消费市场规模加速增长,需求增长是体育产业与健康产业融合的原动力。近年来,面临全球经济增速放缓的局面,全球健康产业开始逆向而生,我国健康产业起步较晚、发展较慢,市场规模有限,2017年的产值为4.4亿元,仅占GDP的4%。我国是世界第一人口大国,党和政府把健康中国上升为国家战略,有利于提升我国健康产业的发展空间。随着经济的发展、社会的进步,民众的生活质量越来越高,人们的健身理念也发生改变,对健康的诉求不只是停留在"有病求医"的阶段,而是如何通过体育健身促进身体健康。近几年,体育运动已经成为一种时尚生活方式。体育健身产业作为体育产业的核心产业开始迅速发展。截至2019年,我国健身俱乐部数量达到49860家,体育赛事活动蓬勃开展,社会力量举办大型群众性体育赛事的热情

---

① 健康中国——体育产业发展浅析［EB/OL］.（2022-03-07）.https://caifuhao.eastmoney.com/news/20220307125918935316030.

不断高涨，赛事数量和参与人数屡创新高。2019 年，全国共举办马拉松规模赛事 1828 场次，覆盖了全国 31 个省（区、市），参加人次超过 700 万，创造了可观的社会效益和经济效益[①]。"现在人们的健身趋势突出针对性、个性化和精准性，越来越多人购入一些便携式可穿戴设备，监控自己的锻炼负荷强度和运动量，这说明大家在运动中越来越依靠科学[②]。"因此，在体育产业与健康产业融合产品需求增长下，国务院印发了《全民健身计划（2021—2025 年）》，在政府支持和政策引导下，积极推进体育产业与健康产业融合发展。

（二）技术创新

依据创新行为理论，技术创新就是企业改进现有新产品、生产流程或服务方式的技术活动。在新技术的产生和应用过程中，这些活动相互渗透、循环交叉或相互影响。新经济正处于从量变到质变转化的关键期，这说明我国产业创新和融合发展处于一个关键环节。产业融合的根本原因就是突破技术创新。如今，在信息化时代，随着科学技术飞速发展，共享经济的发展风起云涌，为人们的日常生活带来了便利。随着现代科学技术的飞速发展，信息技术应用领域越来越宽泛，体育科学技术与现代医学技术的有效整合，尤其在体育健身行业，一些现代体育训练方法、体育器材、体育设备，以及体育场馆设施都注重将传统运动科学与现代医学相结合。在体育健康产业中，现代信息技术、运动科学与现代医学相互交叉融合，基于大数据的设备健康管理系统包括体质测试仪器设备与分析系统以及运动康复产业，将一些临床医学技术与运动科学技术有效融合。技术创新就是在体育产业与健康产业之间的渗透与交叉导致了技术融合，改变了体育产业与健康产业的生产技术与流程，弥补了体育

---

① 奋进新征程建功新时代　我国体育事业锚定新定位和新使命奋楫前行[EB/OL].（2022-02-18）.https://xw.qq.com/cmsid/20220218A02AJ600.
② 科学健身惠及健身人群[EB/OL].（2019-12-19）.https://baijiahao.baidu.com/s?id=1653317318778667683&wfr=spider&for=pc.

产业与健康产业之间的技术性进入阻碍，拥有共同的技术基础，使得体育产业的产品与健康产业的产品拥有代替性，从而推动体育产业与健康产业的融合发展。

（三）管理创新

彼得·德鲁克对管理学有着卓越的贡献。他的思想影响了130多个国家，德鲁克称自己为"社会生态学家"，他对社会学和经济学的影响深远。《已经发生的未来》《后资本主义社会》这些代表德鲁克社会生态学家的经典著作，架起了从工业时代到知识时代的桥梁[①]。彼得·德鲁克认为，企业发展的主要动力是以企业合作为基础的企业关系。构建战略联盟与企业跨产业并购可以促进技术引领融合、加速科技创新的速率、减少企业运营成本，采取有效举措促进产业融合发展。体育产业与健康产业主要以服务性产业为主，服务作为一项基础产业，管理创新是服务生产过程的主要动能，体育产业与健康产业融合发展的动力除了技术不断创新、政策管制放松以外，服务管理创新也是其发展的新能源，有效激发产业生机。管理创新在企业组织内部相互交叉、渗透融合，对于企业面对新变化、新需求，充分考虑体育企业和健康企业与原有业务和新业务的平衡，通过不断创新激发组织内部生机，释放产业发展的根本能源。

---

① 德鲁克. 我是一个"社会生态学家" [EB/OL].（2005-11-25）.http://news.sohu.com/20051125/n227592137.shtml.

第二节　体育产业与健康产业的融合发展路径

一、完善产业融合的运行机制

完善产业融合的运行机制，通过优化行业标准与相关政策，为体育产业与健康产业融合发展营造良好的发展环境。尤其在产业融合特色化的运行机制上，要打破两个产业的行业标准障碍，形成产业融合共同发展的一种态势，结合较为成熟的运行机制，推动体育健康产业体系建设。通过国家政策支持、激励制度制定等方式，提高体育产业和健康产业融合的主动性，建设具有中国特色的体育健康产业体系和运行机制。

在体育产业与健康产业融合运行机制过程中，以产业创新为切入点、突破口，联合开发新产品、新技术，产出一批高水平、原创性应用技术成果。同时，随着人们生活水平的不断提高，人们对健康服务的需求越来越大，优化康复与治疗相结合的服务方式和目标。积极应对人口老龄化，把积极老龄观、健康老龄化理念融入经济社会发展全过程，如以养老院为切入点，建设医疗、餐饮、娱乐、运动等配套设施，通过康体娱乐中心对老年人进行理疗和服务，不断提升老年人对体育健康产业的了解，最大限度地提升产业融合效果，推动特色化综合运行体制的健全发展[1]。

随着国民经济发展和国家政策对产业的助推，国民生活水平和健康意识的不断提高，体育产品的消费结构升级正在逐步增强。在人均可支

---

[1] 吴亚婷，黄越. 健康中国视域下"体医结合"发展的意蕴、实然与应然［J］. 体育研究与教育，2019，34（02）：38—43，52.

配收入达到一定水准之后，人们在健康、文化、娱乐等精神方面的支出则会增加。

二、采取多样化的产业融合方式

多样化的产业融合可以开发医疗体育、运动康复等项目，以技术为基础、康复为必要、功能为目标，通过医疗体育，达到最佳治疗效果，并采用运动负荷相对较小的体育健身项目，提高健康发展水平。医疗体育是利用机体自身各种功能，结合体育活动和自然因素来治疗疾病和创伤，促进机体康复，恢复劳动力和日常生活能力的医疗运动[1]。例如在医疗体育中引入瑜伽健身运动，能够健身健体、调理身心和平缓情绪，提升身心健康水平。

医疗体育、药物治疗与健康产品的有机融合，主要依靠药物治疗和定量锻炼的有机结合，有效提升健康、保健和康复效果。在体育产业与健康产业融合中，将康复医学与体育疗法有机结合，在进行功能恢复的同时进行物理治疗和康复训练，从而达到体育产业与健康产业融合的目的。体育健康产业可持续性发展，结合科学技术对健康产品进行不断创新，利用信息技术创建体育健康信息管理系统，为人们提供完善、系统的健康管理服务，对消费群体的数据进行科学管理，分析消费群体对体育健康产业的需求，提升体育健康产业的吸引力，推动体育健康产业融合发展的步伐，促进体育健康产业高质量发展。

---

[1] 徐军.颈椎病患者的医疗体操[J].中老年保健，2001（08）：29.

三、打造专业化的产业融合品牌

产业融合要结合体育产业与健康产业中的文化元素，打造特色产业品牌，以市场为向导，打造专业化的品牌体系，提升体育健康产品说服力，覆盖更多人群，拓宽了体育健康产业的消费潜力，提升了社会竞争力。在体育产业和健康产业融合发展中，首先对市场状况进行调研，结合大众精神健康服务需求，打造特色文化品牌，为广大消费人群提供高质量产品，大力宣传体育健康产品，强化品牌效应，提高产品竞争力。打造体育健康产业品牌，通过融合产品文化内涵和产品包装，让产品设计更多元化，更具创意。开发农村体育产业，为体育健康产业拓展生存发展空间。通过农村实地考察，确立农村体育健康产业市场的定位，建立体育健康产业机构，开发农村体育健康产业市场，宣传体育健康产品，增强群体对体育健康产业的认识，为体育产业与健康产业融合发展奠定基础，让更多人感受体育健康的魅力。

四、加强舆论宣传，引领消费需求

随着健康中国上升为国家战略，群众体育得到了快速发展，但存在问题较多。当前，大众参与科学体育锻炼的意识淡薄，对体育健身、娱乐、经济功能认识不足，尚未形成正确的体育消费观念。人民健康是民族昌盛和国家富强的标志，预防疾病是最经济、最有效的健康策略。在健康中国战略背景下的体育健康产业发展，应通过新闻媒体、社区、家庭、学校等多种途径加大大众科学健身的宣传，让大众意识到科学健身的重要性。对于患有高血压、糖尿病、冠心病等慢性病患者，应"量体裁衣"地进行科学运动。

（一）加强新媒体对科学健身的宣传普及

目前，青少年参加体育锻炼的积极性不高，群众性体育活动的开展还不够丰富，经常参加体育锻炼的人数不多，现有体育场地设施在向社会全面开放，满足大众体育锻炼的需求方面还有一定差距。随着我国城镇居民消费结构不断升级，人们越来越注重健康以及健康的生活方式，也愿意在健康消费上加大投入。当前各种媒体关于健康生活的宣传过于零散，应在主流媒体大力宣传科学健身的重要性与方法，能够为大众树立全新的健康理念。

（二）借助社区宣传普及科学健身知识

社区是新型城镇化居民生活的主要区域，充分利用节假日，特别是"全民健身日"，在社区拉条幅和张贴标语，组织科学健身普及讲座和讲解体质健康促进项目内容，组织社区居民开展各种形式的体育活动。

（三）提高家庭科学健身生活方式

如今，越来越多的人意识到健康的重要性，而体育锻炼是健康的保证，是增强身体免疫力最有效和最经济的方式。家庭体育在全民健身活动中发挥重要作用，要注重家庭作为基层组织在科学健身宣传中的作用。

（四）在学校体育教学中要加强科学健身指导

学校教育要树立"健康第一"的指导思想，把立德树人贯穿到体育教学之中，引导学生认识体育对健康的影响，加强学生对体育健身的认识，遵循科学健身规律，培养学生运动兴趣，让学生掌握多项运动技能，为步入社会进行终身体育锻炼奠定基础。将科学健身知识与健康教育内容有机结合，除了开设健康教育课以外，还应该利用体育课开展科学健身指导，引导学生掌握必要的体育运动安全防范知识，提高自我保护能力。

第四节　体育产业与健康产业融合发展的实证分析
——以电动轮椅为案例

一、项目背景与起源

我国已步入老龄化社会,老龄人口快速增长,人口高龄化、老龄化加剧。对此,在深度老龄化社会背景下,党和政府积极发展老龄产业,建设适老环境,提高老年人的生活质量。适老辅具产业是在建设适老环境中关键的环节,将在我国养老服务中发挥重要作用。康复辅具产业服务对象主要是残障失能群体,辅具能帮助他们提高生存质量、增加社会参与能力。而适老辅具作为康复辅具产业的细分组成部分之一,侧重于改善适老环境,实现生活重建。随着我国人口老龄化的推进,高龄老人与空巢老人增多,人口形势越发严峻,老年群体细分需求显著增加,使得适老辅具在康复辅具产业中占比增加。

2016年,国务院印发《"健康中国2030"规划纲要》,健康中国已上升为国家发展战略,大健康产业成为新时代我国经济转型的重要引擎。据相关资料显示,2020年电动轮椅市场规模达到60.25亿元,近四年平均增速约为20.1%。从需求方面来看,2019年我国电动轮椅需求量约为149万台;从供给方面来看,2019年我国电动轮椅产量约为192.1万台,同比增长11.1%。随着我国步入老龄化社会,高品质生活日益成为人们的广泛追求,行业持续创新适老辅具,做到与时俱进是保障老年人生活质量的基础,人们对适老辅具的需求越来越大,康复辅具产业发展显示出极大的市场潜力和上升空间。

二、融合发展路径分析

体育产业与健康产业融合发展，首先，要打破行业障碍，制定产业融合行业准则，打破两大产业之间的界限，把体育产业和健康产业的产业链与价值链进行重新组合，保障两大产业结构、产业服务等方面深度融合，助推体育产业与健康产业双向融合发展。其次，体育产业和健康产业在原有产业链与价值链的基础上，进一步拓展两大产业间的延伸融合，从而形成整体推进、协同融合发展的局面，通过技术创新，开发体育健康产业新产品。

三、融合发展成果分析

体育产业与体育健康产业在融合的过程中，体育科学技术和现代医学技术借助现代信息技术促进了二者的融合创新，打造"产、研、检、医、养、培"全产业链条集聚的康复辅具产业发展模式，逐步呈现出顶层设计完备、产业布局渐成规模、政产学研成果显著、产业影响力逐渐扩大的新兴产业发展态势。

四、融合模式总结

产业融合推进企业规模持续扩大，市场规模稳步增长为体育产业与健康产业融合奠定发展基础。体育产业与健康产业融合，除了产业技术创新、政府政策支持外，优化管理制度也是产业融合的根本保证。体育产业与健康产业融合意味着"推陈出新"，是新旧事物的更迭和新业务的诞生，两大产业都在向边缘化延长，体育企业考虑新旧市场需求，平衡新旧业态的发展，通过创新管理来释放增长新动力。

第七章　体育用品业与服务业融合发展

随着经济全球化的不断发展，越来越多传统制造业的生产、分配、交换和消费四个环节，依托国内大市场，面向国际大市场，积极扩大内需，加强国内外市场的深度融合，在全球范围内进行覆盖面更广、程序更为复杂的经济循环，以形成多边合作的经济网络。制造业依靠互联网信息平台，实现了全球研发设计、生产制造以及服务。传统体育制造业因为规模化生产，实现单位产品成本的下降，但原材料、人才、资金等资源都被限制在一定区域内活动。随着我国传统制造业的资源整合，产业结构优化升级，对生产方式进行整合，体育产业结构发生相应的改变。

依据《中华人民共和国国民经济和社会发展第十四个五年规划和2035年远景目标纲要》（简称《"十四五"规划》），坚持把经济着力点放在实体经济上，坚定不移建设制造强国、质量强国，推进现代制造业与服务业不断向纵深融合发展，强化制造业的基础地位，实现服务业对实体经济的支持。2016年7月，由工业和信息化部、国家发展和改革委员会、中国工程院联合发布了《发展服务型制造专项行动指南》，提出发展服务型制造业，促进制造企业提质增效和转型升级，实现制造业与服务业全方位、宽领域以及深层次融合发展[1]。2021年12月，在中央经济工作会议中明确提出"要提升制造业核心竞争力"。

---

[1] 三部门关于印发《发展服务型制造专项行动指南》的通知［EB/OL］.（2016-07-28）. http://www.gov.cn/xinwen/2016-07/28/content_5095552.htm.

目前，从制造行业规律来看，受数字技术变革和商业模式创新等因素影响，现代产业跨界融合发展趋势越来越明显，主要表现在现代生产过程中，制造业的生产流通过程日益出现服务化元素，而借助于产业链的纵向拓展和横向延伸，服务业与制造业深度绑定[①]。因此，在全球经济影响下，对体育用品业与服务业融合进行分析，有利于制造业与服务业融合发展，推动体育产业快速融合发展。

第一节 体育用品业与服务业融合过程

随着民众消费观念改变，产品本体功能之外的连带功能也成为关注的重点。一些以加工制造为主体的传统体育用品制造业，其产业界限渐渐变得不清，甚至消失。体育用品业与服务业之间的相互依赖和相互联系加强，两者融合成为体育用品制造业新的发展目标。尤其在体育用品业与服务业融合发展中，体育用品制造业把自身价值分解，保存原有的资源优势，同时辨别出服务业的重心活动，打破产业界限，整合自身价值优势和重心活动，从而重组形成一条覆盖两个核心价值活动的新价值链，实现"制造业服务化"[②]。

随着世界经济高速发展，产业的融合发展经历着从产业分工到产业合作再到产业融合的演进过程，制造业的市场服务功能日趋增强。许多发达国家重塑产业布局，推行"再工业化"战略，面临这种局面，我国结合自身实际，颁布了《中国制造2025规划》，推动中国由制造大国向制造强国转变。如今，体育产业结构发生了变化，体育服务业占比提高，

---

① 制造业服务化成共识 需促进制造业与服务业高效融合[EB/OL].（2022-01-04）. https://baijiahao.baidu.com/s?id=1720993925772880609&wfr=spider&for=pc.
② 互联网背景下，看各巨头如何转型升级[EB/OL].（2019-03-19）. http://www.ruthout.com/ information/10468.html.

体育用品制造业占比有所下降，但在当前时期内，依然是我国体育产业的主体部分，也是我国体育产业对外贸易的重要组成部分，提振国民经济增长的效应依然存在。近年来，我国体育用品制造业面临制造业回流、体育用品代工转移，劳动力成本开始不断上升，一些产品标准滞后及市场收紧等问题。体育用品制造业呈现出低端过剩、同质化竞争比较严重、品牌文化竞争力较低、产品销售渠道受阻等状况，仅依靠那些传统运作策略的单一企业早已是捉襟见肘。将体育用品业与服务业融合，通过消费者全程参与体育用品业服务系统的研发设计、运营和体验，以提供生产性服务和服务性生产，来实现服务型制造产品价值链向"微笑曲线"两端延伸，服务型制造的发展是我国产业结构实质上升级的关键。

有效提升制造业竞争力，推动制造业和服务业融合发展成为社会的普遍共识。从国家政策角度来看，2017年，经国务院批准，国家发展和改革委员会印发了《服务业创新发展大纲（2017—2025年）》，明确提出推动服务业向制造业拓展，搭建服务业与制造业融合平台，深化服务业对制造业的全产业链支持[①]。2019年，国家发展和改革委员会、工业和信息化部、中央网信办、教育部等15部门联合印发了《关于推动先进制造业和现代服务业深度融合发展的实施意见》，明确提出培育制造业和现代服务业融合发展新业态新模式、探索融合发展新路径、发挥多元化融合发展作用和保障措施等[②]。2020年，国家发展和改革委员会、工业和信息化部、中央网信办、教育部等15部门联合印发了《关于进一步促进服务型制造发展的指导意见》，要贯彻新发展理念，发挥市场在资源配置中的决定作用，发挥政府主导作用，强化制造业企业主体地位，完善政策和营商环境，加强示范引领，健全服务型制造，积极利用

---

① 国家发展和改革委员会印发《服务业创新发展大纲（2017—2025年）》的通知［EB/OL］.（2017-06-21）.http://www.gov.cn/xinwen/2017-06/21/content_5204377.htm.

② 关于推动先进制造业和现代服务业深度融合发展的实施意见［EB/OL］.（2020-02-03）.http://www.china-cer.com.cn/zhengcefagui/202002032075.html.

工业互联网等信息技术赋能新制造、催生新服务，推动先进制造业和现代服务业深度融合[①]。随着新一轮信息产业发展和全球制造业逐渐由单一生产型向"生产+服务"型转变，促进体育用品业与服务业相融共生、协同发展，成为推动我国体育用品业高质量发展的必然选择[②]。服务业与制造业融合发展是在信息技术应用下，两者之间相互渗透与交叉，两大产业的界限越来越模糊并逐渐形成新产业、新业态，共同推动产业融合升级。服务业与制造业从分立状态走向互动融合、形成紧密关联，两大产业融合发展形成新产业，并在产业层面和企业层面均有所体现。

制造业向服务业转移是一个发展趋势。随着信息化技术的不断深入，产业之间的界限逐渐被突破，一些传统制造业借助现代信息技术进行转型升级，这是传统制造业向数字化转型的重点，若动作慢了，必然被淘汰。例如，连接手机实现投屏功能的跑步机，一是越来越多的硬件器材开始与互联网科技结合更加智能；二是体育用品业的行业划分越来越细，市场划分越来越精细，领域划分越来越专业，使体育用品业与服务业从不同方位进行产业的深度融合，提供不同层级、不同品质、不同种类的产品和服务。创新、融合与高质量发展已经成为消费者对当前体育用品制造业的要求，同时这也是时代对当前我国体育制造业提出的新要求，要不断拓宽产业服务范围，提升服务品质，凸显新特点和新内涵[③]。

[①] 工业和信息化部　国家发展和改革委员会　教育部　科技部　财政部　人力资源和社会保障部　自然资源部　生态环境部　商务部　人民银行　市场监管总局　统计局　银保监会　证监会　知识产权局.关于进一步促进服务型制造发展的指导意见[J].中华人民共和国国务院公报，2020（27）：68—72.

[②] 推动制造业与服务业深度融合[EB/OL].（2020-11-20）.https://baijiahao.baidu.com/s?id=1683832265691738850&wfr=spider&for=pc.

[③] 体育用品制造业继续向体育用品服务业转移[EB/OL].（2020-01-09）.https://www.sport.gov.cn/n20001280/n20745751/n20767297/c21139606/content.html.

第二节 体育用品业与服务业融合发展机制

一、体育用品业与服务业融合机制

（一）业务融合

业务融合是把信息技术运用到企业研制设计、生产制造、经营管理、市场营销等产品全生命周期、产业链全流程各环节，不断推动企业业务创新和管理升级。在产品的市场需求推动下，体育用品业与服务业通过商业模式的改革和创新，实现价值链的延伸与重构，最大程度释放两大产业的商业潜能，提升产品和服务质量，提高供需匹配的能力，构建体育用品服务业生态系统。在社会主义市场经济环境下，相关企业融合是赋能体育产业创新的主体，产品和业务融合是企业融合实现的重要环节，人才融合为产品和业务融合的实现提供了智力支持，制度融合为体育用品业与服务业融合提供了保障。

1. 人才融合

建立多层次、多种类人才融合体系，促使人才的合理流动，避免人才拥挤和人才稀缺等人才分布不均衡现象的产生，让既懂体育用品经营管理，又擅长服务领域的专业技术人才，进行知识、技术和业务的交流，实现人才的衔接和互动。设计即服务，设计即营销，将产品的设计、生产、营销和服务贯穿产业链全过程。近年来，随着互联网快速发展，一些医疗器械和健康领域的人才迈入体育产业领域。因此，体育复合型人才进入体育产业领域，将对体育用品业与服务业的融合发展起到举足轻重的作用。

2. 组织融合

从传统观念的角度分析，将两个或多个不同业务组织进行整合，通常被认为是冗杂且低效率的工作。在现代社会发展的新格局下，人们的经济收入水平以及服务性消费需求不断上升，对体育用品的消费结构产生影响。因此，将体育用品业与服务业组织进行融合，可以在管理体制以及组织模式上进行创新，推动企业内部管理结构和运营模式的变革，提高企业对内外部市场环境变化的适应能力，改进由于分配欠妥而导致的资源配置公平性差、效率低的问题，减少企业融合发展的生产成本，提高资源利用效率和产能，增强融合企业的市场竞争力。

（二）技术融合

技术融合是指体育用品业与服务业在融合发展过程中共享同一技术或相似性技术的程度、体育用品业技术向服务业扩展的程度，以及服务业技术影响体育用品业的程度[①]。产业技术融合的意义在于，在新兴技术的推动下，通过不同产业间的融合发展，实现业态创新，为相关产业价值链的解构和重构提供技术基础。

近年来，互联网和大数据飞速发展，全球数据在数量上呈现"井喷式"增长趋势，这在某种程度上改变了人们的生活方式和需求。在第三次工业革命的推动下，互联网、大数据已渗透至经济领域，推动体育用品业与服务业融合发展。考虑到技术共通这一特性的存在，应用于体育用品业的技术手段，在某种程度上会促进服务业产品的改革与创新。与医疗、高科技产业技术行业标准有着显著差异，这些领域的行业标准往往是封闭式的，而体育用品业中技术行业标准相对来说则是开放式的。这种开放式将有助于体育用品业技术加速对服务业的技术影响，从而促进服务业融入体育用品业中。服务业新技术形式也时刻影响着体育用品业产品形式的改变，在一些医疗保障中先进的技术，同样为体育用品业

---

① 查圣祥，张立敏，刘东升.我国体育产业与健康服务业融合发展研究［J］.体育文化导刊，2016（09）：106—109，127.

新发展提供技术保障。

（三）市场融合

体育用品业与服务业的市场融合在一定程度上会将体育用品业的外部边界进行模糊化，进而与服务业进行交叉融合，这种融合一般被认为是体育用品业和服务业两种消费内容因相互交叉、相互渗透，进而创造出一种融合两种消费的新需求。在此基础上，企业应对新的需求进行产品转换，之后完成产品市场化供应，最终占据竞争优势以及更好的市场发展空间与产业发展前景。所涉及的市场融合主要包括两方面，一方面是消费需求融合，另一方面是消费产品融合。

1. 消费需求融合

近年来，人们的生活节奏加快、压力增大，不良的生活方式损害了人们的身体健康。据世界卫生组织统计，在全球人群中，亚健康状态人群已占总人口的70%左右。随着亚健康人群不断增多，世界各国在医疗保健上的消费逐年增加。体育用品和服务产品的功能发生了很大变化，由单一的产品和服务功能逐步转向对于整体功能的追求。随着我国社会经济的发展，体育消费结构和健康服务业的消费需求也在不断变化，与此同时，消费者在市场消费层面的需求逐渐趋于多元化发展，在健康层面的追求也体现为无副作用化。由此看出，当前市场发展的关注点应放在具备多元化需求的产品上。将体育用品业与服务业两个行业进行融合，满足了消费者多元化的需求，进一步促进了融合产业市场空间的发展。

2. 消费产品融合

消费产品融合一般是指通过业务融合、技术融合等方面来实现产品功能的多元统一。由体育用品业与服务业融合所形成的新产品形式可以实现多元化，进而满足不同层次消费者多样化的需求。体育用品与服务消费产品的相互融合，使得原本相对单一、单调的产品形式和产品功能得到扩展，不断创新产品，提供新服务，使产品种类不断丰富，服务质量逐步提升，市场份额逐渐增大，在市场空间内的竞争力凸显，呈现出其他单一产业无法相比的优势。

二、体育用品业与服务业融合发展模式

(一)转型模式

体育用品业在政府主导下进入产业关联度较高的服务行业,由于具备一定的雄厚资本和较高的技术创新能力,这类体育用品业向服务化高端转型,逐渐成为科技研发、产品设计、市场营销、经营管理等整体解决方案的服务型供应商。这类企业往往是行业内的佼佼者,掌握着产业内的关键核心技术,能更好地发挥其规模效应,以至于在全球范围内进行资源配置和提供服务。在互联网时代背景下,大多数体育制造企业从多个环节进行转型升级,例如,当企业难以突破研发设计环节的瓶颈时,则选择将重心转到生产制造和后端服务环节。当市场外部环境、产业结构和消费需求发生变化时,企业重新进行市场定位,评估盈利潜力,促使产业链优化和价值链升级。现阶段消费者对运动产品的需求已不单单满足于功能和舒适性等传统特点,还须兼具科技、时尚、文化等现代特点。例如,体育品牌A[1]及时抓住这一市场变化的契机,为了适应现代市场需求进行改革创新,将新需求转变为新机遇,完成了价值链的整体升级[2]。同时从研发设计投入的角度讲,A集团成立了第一个国家级运动科学实验室,并组建了国际化的研发设计团队,专注于科技创新产品的研发,不仅满足消费者的基本需求,还兼顾满足现代化、个性化的需求,迎合了国内外各类运动爱好者的不同喜好。与传统产品的盈利情况相比,创新产品的利润率提高20%。A集团研发的新一代"智能MINI流水线"、自动化物流中心,通过智能化提高了生产效率和效益,产能翻倍是"智

---

[1] 实际为某知名品牌,为避免广告和侵权嫌疑,本文采用A指代,下文同。
[2] 制造企业的互联网转型[EB/OL].(2019-07-02).https://www.docin.com/p-2321268195.html.

能 MINI 流水线"带来的最明显效益，大大节省了空间、有效降低了成本；同时利用互联网扩展了销售网络，成为国内首家营收超百亿元的运动品牌[①]。

（二）剥离模式

体育用品制造业在运营的过程中要适当侧重于凝聚和培育自身核心业务，进而将其进行剥离，在此基础上，建立为自己企业提供专业服务的生产性服务业。而对于其他不擅长的服务，企业可以将其进行外包，交给更为专业的生产性服务企业完成，同时，要与他们建立合作关系。

2008 年 5 月，A 品牌宣布剥离旗下体育零售业务，短期对该公司财务报表影响不大，长期则对公司利润率水平有提升作用。据有关调查，A 品牌全球发售股份所筹资金中的 6.145 亿港币将不再投入体育用品零售业务，而是用于并购和经营体育品牌和产品设计。

（三）外包模式

在传统生产方式下，生产性服务业是在企业内部进行价值增加活动。企业健康发展要具备一定的核心能力，才能在国内外市场竞争中居于优势地位。然而，对大多数企业来说，无法满足企业经营中每一个环节的资源和技术需求，如果过度追求每一环节的发展和完善，难免会造成企业资源的浪费，同时也难以形成企业的核心竞争力。所以，源于这些现实需求，大多数企业往往会选择将不属于核心能力的产品和服务业务进行外包。

[①] 李孟原．制造企业的互联网转型［J］．企业管理，2019（02）：72—75．

第三节 体育用品业与服务业融合路径

一、政府层面：宏观政策支持与微观服务保障

宏观政策支持对我国体育用品业与服务业融合发展极其重要。以现阶段所取得的成果来看，体育用品业与服务业的融合依然任重而道远，这需要借助各方的力量，将体育用品业与服务业的融合发展纳入统一规划，并进一步构建具体融合发展指标，例如，通过出具红头文件的形式来保障其发展。用法律制度支持体育用品业与服务业的融合，制定和完善体育用品业与服务业融合的相关法律规范，为市场主体沿着经济发展的规律，提供有力保障。

社会经济的发展需要政府履行宏观层面的指导，为社会经济发展做好服务与后勤保障工作。对于体育用品业与服务业融合项目，在融资审批和税费管理政策方面可适度倾斜，具体做到在审批上放宽要求以及减少不必要的审批程序；在市场准入机制方面，要尽量降低对于发展体育用品业与服务业融合项目的门槛，为其发展扫清障碍。另外，进一步完善相关的基础设施，为发展体育用品业与服务业融合的企业创造一个更为优越的生产和办公环境提供保障。设立体育用品业与服务业融合发展的专项引导资金，加大体育用品业与服务业融合项目的扶持力度，把体育用品业与服务业融合形成的新产业，培育成国民经济新的增长点，带动延伸产业的发展。此外，发挥政府宏观调控和市场自发调节的作用，提升对体育用品业与服务业融合产品的购买力，倒逼企业不断去创新与发展，形成企业之间的良性竞争、扩大市场局面。

二、市场层面：发挥市场主体作用，优化产业融合

政府的管理和引导以及市场主体作用的发挥，可以在很大程度上促进我国体育用品业与服务业的加速融合。我国体育用品业与服务业的有序发展以及两者发展路径的拓展，都离不开政府职能的科学定位与充分发挥；同时，基于我国的体制，市场会在资源配置中发挥至关重要的作用，这会促进产业融合朝着更高效、更公平、更可持续的方向发展。正确处理好政府和市场这"两只手"的关系，形成"两只手"之间有机统一、相互补充、相互协调、相互促进的格局[1]，推动体育用品业与服务业融合发展，符合社会发展的一般规律与经济发展的价值规律。

19世纪70年代的第二次工业革命以来，全球积累了大量的财富，人们物质生活得到了极大的丰富和满足。改革开放以来，我国经济发展迅速，在体育用品业与服务业的融合发展的过程中，市场会对社会资源进行优化配置，进而减少在生产过程中由于协调、分配不当而导致的资源的浪费或者稀缺，从而促进资源供需双方达到均衡状态。另外，市场调节可以提高资源的利用效率、推动企业生产活动高效率实施和促成企业生产经营的高效益的实现。此外，市场驱动企业不断创新，倡导企业之间要合理竞争。市场和企业为了追求利益最大化，革新企业组织、更新生产设备和升级产业技术，以增加新产品的研发力度，加速体育用品业与服务业融合。

三、社会层面：发挥科技机构、高校服务经济发展的作用

在人类社会发展史中，经历了三次科技革命，没有任何一个时代像

---

[1] 李维. 重庆市区县经济增长实证研究 [D]. 重庆：重庆大学，2016.

今天这样深受科学技术的渗透和影响。科学技术的发展为社会进步和经济发展做出了巨大贡献。当今世界正处于技术革命的浪潮中，互联网、大数据作为先进科技、先进生产力的代表，其对经济发展、产业结构优化产生了深刻影响，也为体育用品业与服务业深度融合发展提供了强大的、专业的技术支持和保障。高校作为理论与实践相结合的践行者，具有服务社会发展的能力。高校与企业联盟、协同合作，将企业所需的科学技术、优秀人才，以及新发展理念转化为先进生产力，为经济社会持续发展提供支撑。

第四节　体育用品业与服务业融合发展的实证分析
——以 A 集团为案例

一、项目背景与起源

A 集团创建于 1991 年，以制鞋起家，起初只是一家小型的制鞋作坊，A 品牌标志就悬挂于此。经过 30 多年的发展，A 集团已经成为国内最大的综合体育用品品牌公司之一。1999 年，A 集团签约乒乓球运动员，开启了"体育明星+"的营销模式，成功实现了品牌塑造。2004 年，A 集团成为 CBA 运动装备指定合作伙伴，至此，国际品牌垄断国内顶级赛事的局面被打破。A 集团作为我国体育用品业的主要知名品牌，在服务于专业赛场、走向国际市场、面向高端市场的同时，关注国内普通消费者需求，打造具有自身特点的中低端市场，力争向普通大众提供高品质低价位的专业运动装备。

二、融合发展路径分析

体育用品业与服务业融合发展正处于转型升级的关键期，立足提高体育用品的创新能力，提升效率，体育用品服务型制造成为最具潜力的发展方向。2016年，A集团聘请AD的高级设计总监罗比·富勒，他的加盟进一步提升了A集团的设计水准。在内外因素的双重驱动下，对顾客价值进行精准分析，重新配置人、财、物、时间、信息，关注顾客需求变化，运用科学的制作材料、精湛的制造技术、先进的设计理念和管理理念，创造含研发、生产、营销、推广和管理的完整产业链，逐渐摆脱我国体育用品业的低端锁定风险。

二、融合发展成果分析

随着我国经济快速发展，体育产业发展进入快车道，体育用品业迫切需要与服务业深度融合。A集团紧随时代发展的潮流，通过互联网和大数据来获取客户的需求信息，主打"科技牌"。产业智能化的趋势愈来愈猛烈，在体育用品制造过程中融入人工智能技术，助力科学运动健身的普及与推广，增加体育用品业的服务投入，从卖产品向既卖产品也卖服务转变，丰富体育用品产业链，不断扩展体育用品业的业务范围，提升服务质量，形成依托体育产品的一站式体育服务，使全民健身更加智能、有效，助力实现全民健康目标。

三、融合模式总结

福建省晋江市政府在北京举办的中国（晋江）国际鞋业博览会上提出建设"国际体育城市"的构想，强调制造业与服务业融合发展。从制鞋小作坊发展成为"中国鞋都",再到发展成为国际化体育城市,晋江正在随着新一轮的产业规划和城市功能提升,将制造业融入体育、文化和旅游休闲领域,释放出新的发展活力。目前,我国拥有多个由运动鞋、运动服装等体育产品生产企业发展形成的体育用品制造业,其转型升级在体育产业链上的结构越来越明晰,一批自主运动休闲品牌正在加快延伸体育全产业链,实现企业跨界融合。其中,A集团在技术创新方面已经做了多年技术积淀,主要推出多款高质量、高科技感的创新产品,让品牌更具"高值感",为受众创造更卓越、舒适的运动体验,提升品牌知名度和影响力。

第八章 体育用品业国际化品牌战略分析

商标等文化知识产权形成超额利润，以垄断租金提升产业竞争优势的作用，集中作用于需求领域。后危机时代中国自主品牌的战略优势也集中于需求领域，中国形成了大规模的资本积累和购买潜力，西方国家在金融危机的冲击下面临需求萎缩困境，为中国立足本国市场发展自主品牌，吸引国外高端企业进行国际品牌合作提供了战略机遇。本章基于这一战略机遇，以上述研究为基础，将理论拓展至开放条件下，具体探讨提升产业竞争优势的自主品牌国际化战略。

根据国发〔2014〕46号文中关于国家发展体育产业的政策措施，其具体内容包括进一步完善无形资产开发保护，加强体育产品的品牌化、自主知识产权建设，提升体育产品的科技含量。根据《中国体育用品行业2010—2011发展报告》，我国生产全球65%以上的体育用品，但国内运动鞋和运动服装的高端市场由国外品牌主导。体育用品的供给要着眼于需求侧，即分析消费者偏好，提供消费者所需要的产品，逐步摆脱过去"贴牌生产"的方式，进而推动体育用品行业升级和供给侧改革。

具体而言，作为体育用品生产企业，要从体育产品的不同属性出发，准确把握消费者偏好，以运动鞋为例，采用问卷调查法和联合分析法，研究体育用品的品牌、来源国、明星代言和体育用品价格四个属性对消费者偏好的影响，进而促进体育用品生产企业更好地分析消费者需求，为推进体育用品业升级提供具体可操作化的建议。

第一节 理论框架

消费者的效用来源于商品的具体属性[①]。商品的线索是消费者信念形成的根基，消费者对商品的信念会影响消费者对商品的态度。商品本身有内在线索和外在线索，内在线索包括商品的口味、设计等，外在线索包括商品的价格、品牌等。

在经济全球化背景下，影响消费者购买决策的重要因素之一是产品的来源国[②]。从服装的角度来看，消费者更加偏好于其产自新西兰、英国、澳大利亚，而不是亚洲。运动服装品牌来源国会影响消费者对商品质量的预期。通过对美国学生的上衣和衬衫消费偏好研究发现，消费者会首先着眼于产品本身、产品价格，再者是产品的来源国[③]。通过对美国休闲运动服装市场消费者价值感知模型的研究并发现：影响消费者效用的最重要的因素是商品的质量和价格[④]。通过对 T 恤和运动鞋市场的研究，并得出结论：消费者对商品的态度与商品的品牌、商店名称和商品的折扣力度有关[⑤]。此外，品牌商通过邀请明星代言，能够提高消费者购买

[①] 杨晓晗. 消费者对猪肉的属性偏好及支付意愿研究 [D]. 南京：南京农业大学，2016.

[②] 王海忠，赵平. 品牌原产地效应及其市场策略建议 [J]. 中国工业经济，2004（1）：78—86.

[③] 袁胜军，符国群. 中国消费者对同一品牌国产与进口产品认知差异的原因及分析 [J]. 软科学，2012，26（06）：70—77.

[④] 李浩，顾力文，顾雯，等. 基于消费者感知价值的线上线下服装定制模式 [J]. 纺织学报，2020，41（09）：128—135.

[⑤] 王焕弟. 基于消费者购买行为的超市促销策略研究 [D]. 咸阳：西北农林科技大学，2010.

倾向，改善消费者对品牌的态度，因此明星代言是全球各大品牌最常用的营销手段之一。通过体育明星作为品牌代言人对消费者的影响程度，发现与美国消费者相比，中国消费者做出消费决策受其影响程度更大。王月英发现，与我国东北地区的消费者相比，华南地区消费者的消费理念受体育明星代言的影响程度更大[①]。

基于上述分析可以发现，产品的来源国、品牌、质量、产品价格、折扣力度、明星代言等因素都会影响消费者的购买意愿。因此，本章以体育用品中的运动鞋为研究对象，采用联合分析方法，通过分析消费者对运动鞋不同属性的偏好，系统比较品牌、来源国、价格、明星代言等属性在消费者偏好中的效应，以期提升消费者购买意愿和助推体育用品企业品牌建设。

第二节　联合分析设计和计量模型

联合分析是综合经济学理论和心理学理论进行统计分析的一种方法，具体来说，其理论基础为经济学中的基数效用论和心理学中的心理测量技术。通过模拟消费者做出购买决策的心理过程，以此为依据分解消费者对商品不同属性的偏好结构，进而解释商品各属性对消费者的重要程度。联合分析是研究产品属性与属性层次对消费者的重要性及带来的效用的有效统计方法[②]。联合分析常用的分析方法是全轮廓法，主要适用于消费者对产品属性特征并不十分熟悉，很难在短时间内做出迅速

[①] 王月英. 体育明星代言对我国华南和东北地区消费的影响[J]. 体育文化导刊，2014（1）：121—123.

[②] 尹世久，王小楠，陈雨生，等. 品牌、认证与产地效应——基于消费者对含有不同属性奶粉的偏好分析[J]. 软科学，2014，28（11）：115—118.

准确的判断。其实施方法是利用问卷调研的方式，通过消费者对一系列产品轮廓赋值，以此为基础计算出消费者产品偏好参数，从而发现产品的不同属性与消费者效用之间的关系。本节选择全轮廓联合分析法，分析消费者对不同属性（品牌、来源国、价格、明星代言等）运动鞋的偏好。

一、初步调研

调研采用典型抽样法来分析消费者对运动鞋各属性偏好的总体情况，具体实施方法是通过访谈形式，选取若干个受访者进行访谈，访谈的内容主要包括受访者购买运动鞋的消费习惯、购买运动鞋主要关注哪些属性和消费者利益诉求。

从运动鞋的主要消费群体来看，主要是体育运动爱好者和大学生。体育运动爱好者在购买运动鞋时对自己的偏好特点较为明确，大学生购买群体同样具备独立做出购买决策的特点。因此，访谈活动时间于2019年5月，访谈地点选在日照市全民健身中心、大学园区和大型商场。体育运动爱好者和大学生作为目标群体的典型代表，而大型商场的受访者作为普通群体代表，通过初步访谈确定运动鞋各属性的属性层次。

二、联合分析设计

按照联合分析方法的研究步骤，联合分析的关键在于确定研究对象的属性以及研究对象的属性水平。因此研究的运动鞋属性必须具备突出性的特点，即对消费者偏好和消费者决策要具有显著影响。如果属性信息太多，则会增加受访者的压力，而如果属性信息太少，则会失去重要信息，使模型的预测效果下降[①]。结合上述相关研究，本节将运动鞋属性定为来源国、品牌、价格、明星代言四个属性。

（一）来源国

产品的来源国效应与产品的来源国形象有关。消费者更加偏好于经济发达国家的产品，因为消费者认为其产品质量更高[②]。随着经济全球化的发展，全球价值链的形成，产业垂直分工体系的构建，产品的生产往往由多个国家共同合作完成。来源国属性分为发达国家和发展中国家两个层次。发达国家引入美国，美国同样是体育用品品牌大国。作为本土生产企业和最大的发展中国家，引入中国是十分必要的。近年来，越南逐渐成为众多制造业在亚洲代加工的新基地，在2018年越南体育用品贸易出口额居全球第四，属于体育用品制造大国，因此，发展中国家还引入了越南。

（二）品牌

研究发现，当产品携带强势品牌时，产品来源国对消费者而言不再重要[③]。品牌来源国和产品制造国均对消费者关于产品质量和价值的评价产生重要影响[④]。品牌属性分为知名品牌和非知名品牌两个层次引入，知名品牌引入：AD品牌、L品牌[⑤]，AD是全球知名的国外体育品牌，L是国产的体育品牌，非知名体育品牌用品牌D作为代表。

[①] 尹世久，吴林海，徐迎军.信息认知、购买动因与效用评价：以广东消费者安全食品购买决策的调查为例[J].经济经纬，2014，31（03）：102—107.

[②] 刘文超，孙丽辉，高倩倩.基于消费者视阈的区域品牌形象量表开发与检验[J].软科学，2021，35（04）：125—130.

[③] 王毅.国家形象和品牌形象对于产品评价的影响研究[D].天津：南开大学，2010.

[④] 张琴.多线索模式下来源国效应的削弱[D].武汉：武汉大学，2012.

[⑤] 在调研中采用了现实存在的国内外品牌，为避免广告和侵权嫌疑，采用AD、L、D品牌来指代。

（三）价格

价格属性层次是在分析国内外品牌专卖店和市场均价的基础上进行确定，结合市场价格和初步调研的结果，将运动鞋价格属性层次设定为高、中、低三个组，具体为：高（900元/双）、中（600元/双）和低（300元/双）。

（四）明星代言

由于不同时期各运动品牌的代言明星不同，并且考虑部分运动品牌没有用明星代言的情况，将明星代言属性层次分为"喜爱的明星代言""普通的明星代言"和"没有明星代言"三种情况。

基于上述分析，本节确定的运动鞋属性和属性层次见表8-1。

表8-1 运动鞋属性和属性层次设计

属性	属性层次
品牌	AD品牌、L品牌、D品牌
价格	900元、600元、300元
来源国	美国、中国、越南
明星代言	喜爱的明星代言、普通明星代言、没有明星代言

基于前文所确定的运动鞋属性和属性层次设计方案，将不同属性层次任意组合可以形成 $C_3^1 \times C_3^1 \times C_3^1 \times C_3^1 = 81$ 个虚拟的运动鞋产品轮廓。研究表明，被调研者在有效识别15~20个产品轮廓后，就会因为疲劳而影响了后续选择的准确性和效率[1]。因此，为降低采访难度和确保调研结果的真实性，采用SPSS25.0正交试验，生成9种运动鞋虚拟轮廓（见表8-2）。

---

[1] 王兆成，常向阳．旅游者对扬州美食的消费偏好及支付意愿——基于选择实验法的分析［J］．美食研究，2022，39（01）：27—34．

表 8-2　运动鞋虚拟轮廓

品牌	来源国	价格	明星代言	编号
AD	美国	900	喜爱的明星代言	1
AD	中国	600	普通明星代言	2
AD	越南	300	没有明星代言	3
D	美国	600	没有明星代言	4
D	中国	300	喜爱的明星代言	5
D	越南	900	普通明星代言	6
L	美国	300	普通明星代言	7
L	中国	900	没有明星代言	8
L	越南	600	喜爱的明星代言	9

三、基本原理和计量模型

联合分析模型可用如下效用函数表示：

$$U(X) = \alpha_0 + \sum_{i=1}^{m} \sum_{j=1}^{n_i} a_{ij} X_{ij} + \varepsilon \qquad (1)$$

$U(X)$ 是该产品轮廓的效用总值；a_{ij} 表示第 i 个属性的第 j 个水平的分值贡献或分值效用；m 是属性的个数；n_i 是属性 i 的水平层次数量；X_{ij} 为虚拟变量，表示若第 i 个属性的第 j 个属性层次在所研究产品轮廓中出现时，则其取值为 1，否则其取值为 0。a_0 为常数项，ε 为残差。

对于第 i 个属性的重要性，则应该由属性内各层次最大和最小的分值效用相减，即效用全距 I_i，公式为：

$$I_i = \{\max(a_{ij}) - \min(a_{ij})\} \qquad (2)$$

对 I_i 属性的重要性进行标准化处理，得到属性 i 的相对重要性指标 W_i，公式：

$$W_i = I_i \bigg/ \sum_{i=1}^{m} I_i \quad (3)$$

对于 m 个属性且属性 i 有 n_i 个层次的联合分析，则需要估计 $\sum_{i=1}^{m} n_i - m$ 个模型系数。依据设计的属性和属性层次，对于每一个属性的 n_i 个层次，选取第一个属性层次为参照属性层次，则预测变量为 4×（3-1）个虚拟变量，采用受访者对每一个产品轮廓的打分作为因变量，则参数估计用的线性回归方程：

$$U = b_0 + b_1 X_1 + b_2 X_2 + b_3 X_3 + b_4 X_4 + b_5 X_5 + b_6 X_6 + b_7 X_7 + b_8 X_8 + \varepsilon \quad (4)$$

式（4）中，U 为受访者对运动鞋的打分，X_1 至 X_8 为运动鞋不同属性层次的虚拟变量值，b_0 为模型的截距，b_1 到 b_8 为不同属性层次的效用系数。

第三节 数据来源和分析

一、数据来源和说明

基于正交实验设计的产品轮廓，制作 9 张轮廓卡。轮廓卡片上要求既包括运动鞋品牌和来源国，也要有明星代言和价格信息，除此以外用文字对该部门内容进行梳理解释。可以让消费者在喜爱和购买能力两方面进行选择，并且按照购买可能性进行打分排序。最低 1 分代表绝不可能购买，数字越大，代表购买可能性越高，最高的9分就表示一定会购买。为了提高抽样结果的准确性，降低随机性和误差，该抽样采用分层抽样和随机抽样相结合的方法。基于《山东省统计年鉴（2018）》，按照全体居民的消费水平把17个地区分为3个部分，分别是人均生活消费支出较高、中等和较低的，为了抽样的合理性，在以上3个部分中每个部分各抽取两个城市。济南和青岛被抽中作为人均生活消费支出水平较高的城市，中等的是泰安和日照，较低的是菏泽和聊城。调研地区样本分布见图8-1。

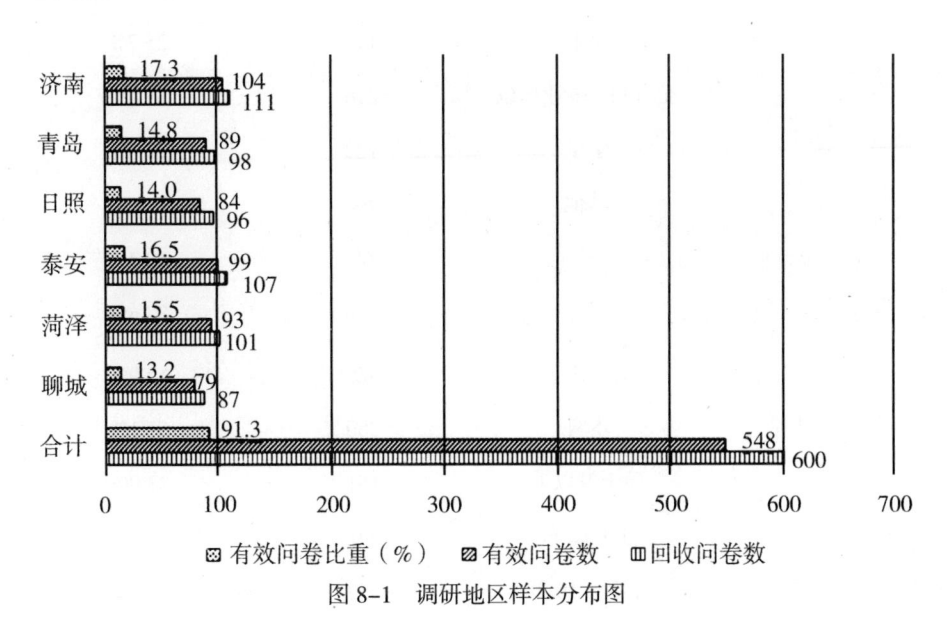

图8-1 调研地区样本分布图

基于调研目标人群的特殊性，选择上述城市人口密集的商业区体育用品专柜或专卖店附近进行现场调研。为确保问卷发放的随机性，选择进入视线的第一个消费者为调查对象。在调研中，共回收问卷600份，其中有效问卷548份，有效问卷回收率91.3%，该阶段调研样本的描述性统计特征见表8-3。

表 8-3 调研样本的社会和经济特征

人口统计特征	分类指标	样本数	比重
性别	男	228	41.6%
	女	320	58.4%
年龄	19 岁以下	19	3.5%
	20～34 岁	360	65.7%
	35～49 岁	134	24.5%
	50 岁以上	35	6.4%
职业	企业	141	25.7%
	公务员/事业单位	216	39.4%
	学生	122	22.3%
	其他	69	12.6%
专业或职业与体育行业相关	是	68	12.4%
	否	480	87.6%
教育水平	大专以下	87	15.9%
	本科	280	51.1%
	硕士及以上	181	33.0%
家庭年收入	5 万以下	96	17.5%
	5 万～10 万	233	42.5%
	10 万～30 万	180	32.8%
	30 万～50 万	24	4.4%
	50 万以上	15	2.7%
具有购买经历	是	538	98.2%
	否	10	1.8%
爱好体育运动	是	374	68.2%
	否	174	31.8%

二、联合分析

利用式（4），分解出受访者对运动鞋各属性层次的偏好值，即分值效用。将各属性层次的分值效用代入式（1），计算出各产品轮廓的效用总值。运用式（2）和式（3），计算各属性的相对重要性，结果见表 8-4。

表 8-4　各属性的效用值和相对重要性

属性	属性层次	分值效用	相对重要性
品牌	AD	0.679	37.515
	L	−0.147	
	D	−0.532	
来源国	美国	0.251	20.415
	中国	0.157	
	越南	−0.408	
明星代言	喜爱的明星代言	0.181	10.688
	普通的明星代言	−0.017	
	没有明星代言	−0.164	
价格	900	−0.235	31.382
	600	0.624	
	300	−0.389	

注：Pearson's R 是 0.995，显著性 Sig.= .000；Kendall's tau 是 0.944，显著性 Sig.= .000。

三、结果和讨论

从属性的相对重要性来看，影响消费者选择的首要属性是品牌（37.515），其次是价格（31.382），再次是来源国（20.415），最后是明星代言（10.688）。消费者在选择运动鞋时，最看重的是品牌属性，之所以如此，可能有以下原因：一是运动鞋的舒适性、防滑鞋、减震性、耐磨性、稳定性、透气性等质量信息，均须穿着一段时间后才能知晓，对运动鞋质量的感知在购买之后，属于经验品[1]。而品牌恰恰能够向消费者传递质量可靠性的信息，从而影响消费者关于质量的预期，保持或强化消费者对运动鞋的偏好。二是现代消费并不再只是一种物质性实践，更是一种符号的系统化操控过程[2]。品牌这一符号往往成为消费者体现身份的方式。

在品牌属性的不同层次中，AD品牌的分值效用最高（0.679），这远远超过了L品牌（-0.147）和D品牌（-0.532），这在一定程度上证实了消费者对国外运动鞋品牌是非常认可的，而对国内运动鞋品牌的认可度相对较低。国内知名品牌L的分值效用高于非知名品牌D，两者差距明显（0.385），表明消费者对知名品牌的偏好远远大于非知名品牌。

在来源国属性的不同层次中，受访者最偏好的是美国（0.251），其次是中国（0.157），越南的分值效用最低（-0.408）。由此看来，影响消费者效用的因素除了品牌来源外，产品的制造国也是一项重要原因。这印证了斯科勒等人的研究结论，即与来自经济不发达国家的产品相比，消费者更偏好来自经济发达国家的产品。当产品生产国同为发展中国家时，中国消费者更偏好本国的产品。

就明星代言属性的不同层次而言，"自己喜爱的明星代言"分值效用最高（0.181），"普通的明星代言"和"无明星代言"效用值均较低，

---

[1] 仇相玮.减施农药：农户行为及其效应研究［D］.济南：山东农业大学，2020.
[2] 布希亚.物体系［M］.林志明，译.上海：上海人民出版社，2001：222.

分别为 –0.017 和 –0.164，表明当产品代言人为消费者喜爱的明星时，明星代言才能够增加消费者对产品的偏好。当消费者对某位明星不存在特殊偏好时，其代言产品的行为并不能增加消费者对产品的偏好。

在价格属性的不同层次中，中等价格的效用值最高（0.624），表明中等价位的大众消费逐渐占据了主要消费市场，消费者"只选对的，不选贵的"的消费理念逐渐形成。低价格的效用值最低（–0.389），说明消费者认为太低的价格难以保证运动鞋的质量。高价格的效用值也较低（–0.235），说明消费者在购买运动鞋时，会考虑自身的消费能力，导致对高价格运动鞋的消费动力不足，不单纯追求高价格，消费日趋理性化。

第四节　结论和建议

以运动鞋为研究对象，通过问卷调查法和联合分析方法测算了消费者对来源国、品牌、价格和明星代言属性的分值效用和相对重要性，得出以下结论：第一，品牌是影响消费者决策的首要因素，并且品牌对消费者的影响超过价格，价格成为消费者决策的第二个重要影响因素。来源国和明星代言的相对重要性较低，重要性分别位居第三和第四。具体而言，国外品牌的分值效用远高于国产品牌，并且产品牌的分值效用同样远远高于非知名品牌。因此，我国体育用品的生产商应该注重提升品牌意识，增强其品牌在国内和国际上的曝光度。第二，对消费者来说，在购买运动鞋时更倾向于选择较为发达国家的产品。在运动鞋品牌相同，制造国和产品来源国都为发展中国家的条件下，消费者更为理性地选择了国内产品。体育用品的生产商除了要做好自身的提升，也要与外资企业进行合作，这样既可以增加消费者对产品的认可程度，又能扩大本土品牌的国际曝光度。第三，明星代言虽然不失为一个好的促销手段，但是其重要作用不强。对不同的产品而言，如果该产品选择"大家喜爱的明星"代言，那么在一定程度上会提高消费者的效用。但是当选择知名度不高的明星为该产品代言人时，则消费者对产品的偏好作用不明显。所以，想通过明星代言来提高品牌知名度时，最重要的是根据实际的消费群体来选择。

参考文献

［1］曹漪那，付玉杰.从尼葛洛庞帝"三圆交叠"说看媒介分化［J］.西南民族大学学报（人文社科版），2009，30（12）：223—226.

［2］植草益.信息通信业的产业融合［M］.北京：中国工业经济，2001.

［3］余佳，游达明.产业融合视角下企业间竞合策略［J］.系统工程，2018，36（09）：154—158.

［4］周振华.信息化进程中的产业融合研究［J］.经济学动态，2002（06）：58—62.

［5］孙军，高彦彦."互联网+"时代产业融合的理论范式与路径选择［J］.江淮学刊，2017（05）228—230.

［6］厉无畏.依靠融合、创新产业推动中国新一轮经济增长［J］.上海国资，2002（12）：4—7.

［7］张磊.产业融合与互联网管制［M］.上海：上海财经大学出版社，2001.

［8］周振华.论信息化中的产业融合类型［J］.上海经济研究，2004（02）：11—17.

［9］李浩，聂子龙.产业融合中的企业战略思考［J］.南方经济，2003（05）：46—49.

［10］马健.产业融合论［M］.南京：南京大学出版社，2006.

［11］胡永佳.产业融合的经济学分析［M］.北京：中国经济出版社，2008.

［12］胡永佳.从分工角度看产业融合的实质［J］.理论前沿，2007（06）：30—31.

［13］周春波.文化产业与旅游产业融合动力：理论与实证［J］.企业经济，2018（08）：146—148.

［14］李玉红，麻卫华.产业融合现象成因分析［J］.河北经贸大学学报，2003（01）：53—55.

［15］于刃刚，李玉红.论技术创新与产业融合［J］.生产力研究，2003（06）：175—176.

［16］李萱.产业融合：文化产业创新的强大动力［J］.郑州大学学报（哲学社会科学版），2008（04）：10—11.

［17］王素贞，边永清，杨海亭.信息产业与传统产业互动融合之策略［J］.统计与决策，2004（01）：49—50.

［18］马健.信息技术融合推动产业升级的动因分析［J］.科学管理研究，2005（01）：30—32.

［19］陈力丹，付玉辉.论电信业和传媒业的产业融合［J］.现代传播（中国传媒大学学报），2006（03）：28—29.

［20］李美云.论旅游景点业和动漫业的产业融合与互动发展［J］.旅游学刊，2008（01）：56—62.

［21］于刃刚.三次产业分类与产业融合趋势［J］.世界经济与政治，1997（01）：42—43.

［22］杨颖.产业融合：旅游业发展趋势的新视角［J］.旅游科学，2008（04）：6—8.

［23］殷俊海，贺达.体育产业融合发展的机理分析［J］.北京工业职业技术学院学报，2018，17（03）：110—112.

［24］李燕燕，兰自力，陈锡尧.我国体育产业融合的特征、类型及实现机制［J］.首都体育学院学报，2015，27（06）：488—492.

［25］李亚慰，李建设.长三角地区体育主导产业结构测算、模型构建与发展预测研究［J］.中国体育科技，2015，51（06）：17—25.

［26］杨倩.基于统计数据的我国体育产业结构及其效益分析［J］.天津体育学院学报，2012，27（01）：27—30.

［27］黄海燕.我国体育产业结构评价与优化对策［J］.武汉体育学院学报，2014，48（04）：27—30—37.

［28］杨锋，江广和，张现成.区域体育产业产值预测模型的构建与实证研究［J］.天津体育学院学报，2015，30（4）：304—306.

［29］龚诗婕，吕庆华.我国体育用品业成长性指标体系构建与预测研究［J］.沈阳体育学院学报，2018，37（03）：15—22.

［30］李荣日，杨腕舒，刘宁宁，高文浩，杨剑.体育产业演化研究：显著特征与发展预测［J］.沈阳体育学院学报，2018，37（03）：6—14.

［31］王正新.含可变参数的缓冲算子与GM（1，1）幂模型研究［D］.南京：南京航空航天大学经济与管理学院，2010.

［32］党耀国，王正新，钱吴永，等.灰色预测技术方法［M］.北京：科学出版社，2014.

［33］邵珠艳，王春梅，魏曼莎.灰色GM（1，1）预测模型在疾病预测中的应用［J］.中国医院统计，2003，10（03）：146—148.

［34］王小广.新常态下我国2015年经济形势展望和政策建议［J］.国家行政学院学报，2014，（06）：75—80.

［35］张和平.体育产业与旅游业融合发展机制研究［J］.南京体育学院学报，2021，20（03）：27—37.

［36］方永恒，周家羽.体育旅游产业与文化创意产业融合发展模式研究［J］.体育文化导刊，2018（02）：93—98.

[37] 尧燕.体育与旅游结合的机理分析[J].成都体育学院学报，2002（3）：25—28.

[38] 全国干部培训教材编审指导委员会.推进生态文明建设美丽中国[M].北京：人民出版社，2019.

[39] 廖福霖.生态文明建设理论与实践[M].北京：中国林业出版社，2001.

[40] 陈华文.原生态文化与非物质文化遗产保护[J].山东社会科学，2010（09）：24—26.

[41] 王文章.非物质文化遗产概论[M].北京：教育科学出版社，2008.

[42] 柯可.文化产业论[M].广州：广东经济出版社，2001.

[43] 林秀梅，张亚丽.吉林省文化产业的关联拉动效应分析——基于投入产出模型[J].东北师大学报（哲学社会科学版），2014（03）：112—113.

[44] 严皓，叶文明，凌潇.文化产业关联效应的实证分析[J].统计与决策，2017（08）：97—100.

[45] 王涛，苏雅，王晴晴.中国省际贸易矩阵的估计与应用[J].统计研究，2019（36）4：60—70.

[46] 孙长城，张凤太，安佑志，等.旅游业与新型城镇化耦合协调动态关系研究——以成渝地区双城经济圈为例[J].资源开发与市场，2021.37（03）：372—379.

[47] 张金桥，王健.论体育产业与文化产业的融合发展[J].上海体育学院学报，2012（05）：44.

[48] 徐娆娆."一带一路"倡议下体育产业与文化产业融合发展的新路径[J].鞍山师范学院学报，2018（04）：93.

[49] 温美龄.体育产业和旅游产业融合路径研究[J].体育成人

教育学刊，2017，33（04）：22—24，43.

［50］鲍明晓.贯彻落实国务院加快发展体育产业意见，加快发展我国体育旅游业［J］.体育文化导刊，2015（03）：109—111，126.

［51］关于以 2022 年北京冬奥会为契机大力发展冰雪运动的意见［M］.北京：人民出版社，2019.